スーパーの食材で究極の家庭料理

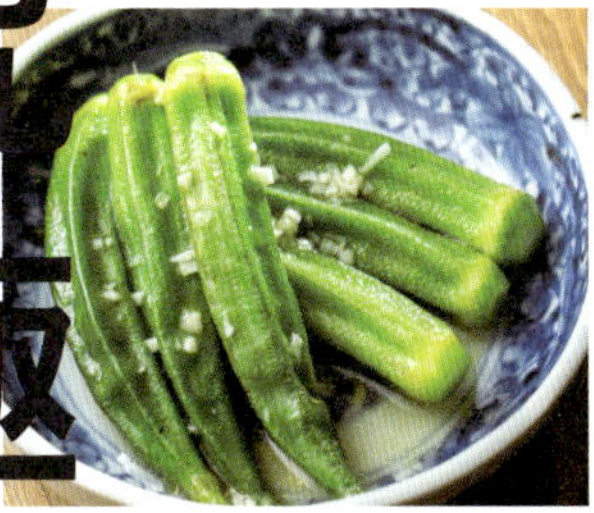
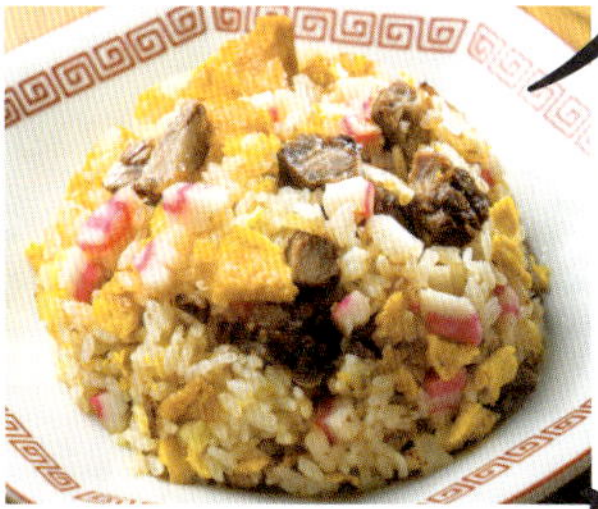
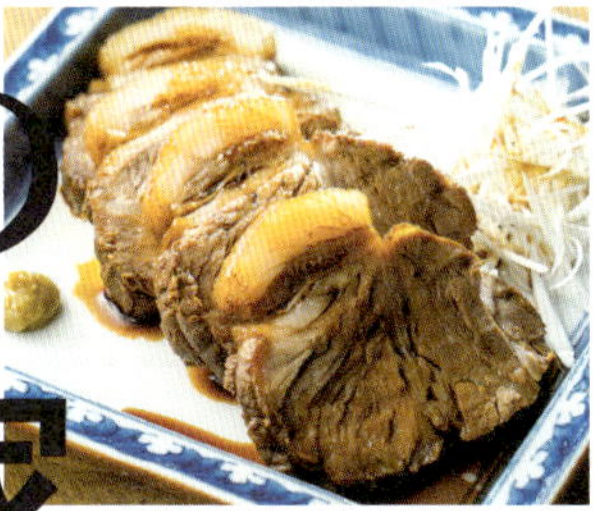
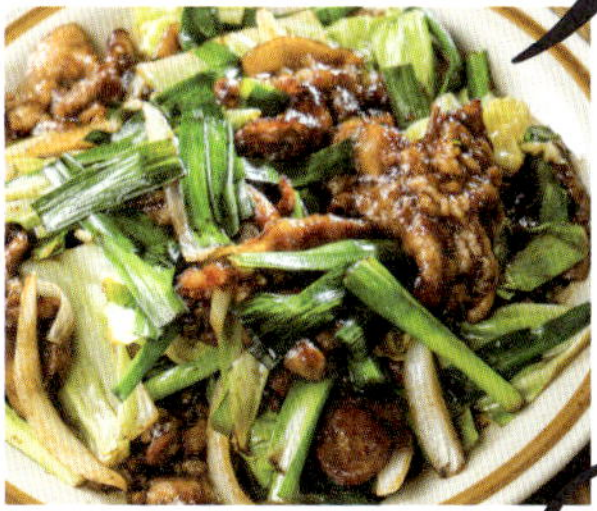

超料理マニアな料理人
東山広樹

大和書房

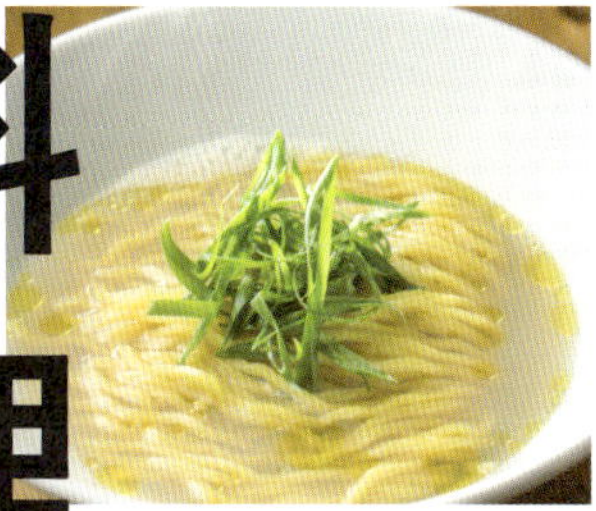
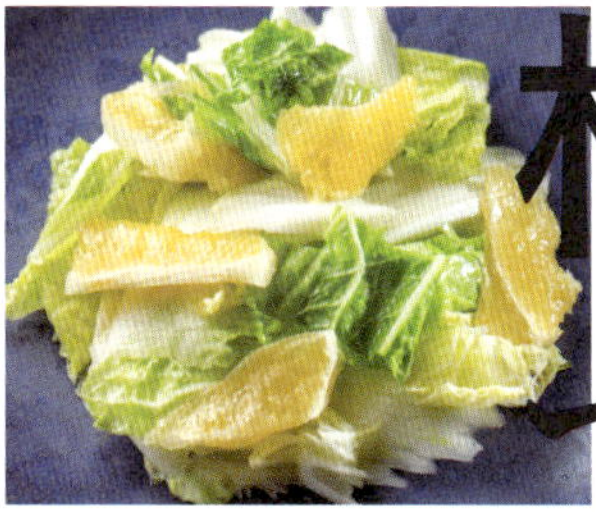

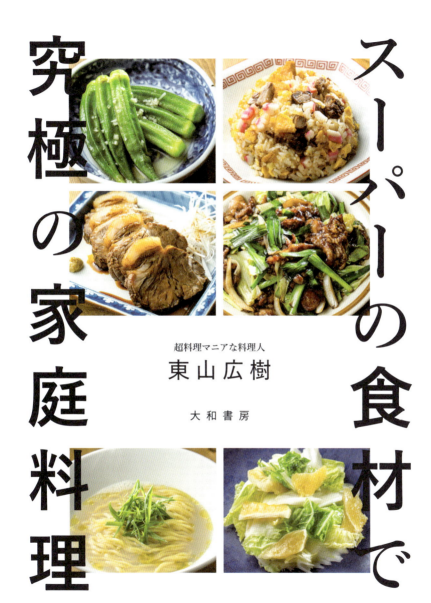

はじめに

この本をお手に取っていただき、本当にありがとうございます。

僕が何者かというと、ひと言でいえば、「超料理マニアな料理人」です。

僕は中学生の頃から料理が趣味で、38歳になった今でも、子どものように夢中になって「料理」で遊び続けていますが、こんなに料理にハマったのは、10年ほど前のこと。きっかけは、**「調理科学」**という概念に出合ったことでした。

それまでは、料理を上手に作るためには、「料理人の長年の経験と勘」が必要だと思い、コツコツと積み重ねていたのですが、「調理科学」を知ってからその考えが覆《くつがえ》りました。

科学的な考察と分析をして、それに基づいて調理をすれば、長年の経験や特別な技術がなくてもおいしい料理を作れることを知ったのです。

調理科学に基づいて作った料理は、僕に人生トップクラスの衝撃を与えました。

「これ、完全にお店の味じゃん！」

それからは、「〝なぜ〟おいしいのか？」「この工程を〝なぜ〟やるのか？」という、料理に関する〝なぜ〟を徹底的に考えるようになりました。

そうすると、料理が飛躍的《ひやくてき》に上達し、自分の中で料理革命が起きたのです。

本書では、皆さんの食卓にもよく並ぶであろうおなじみの家庭料理をたくさん取り上げていますが、そのレシピすべてに、僕の〝なぜ〟が詰め込まれています。

今までなんとなくやっていた調理工程に対しても、限りなく〝なぜ〟のアンサーを盛り込んだので、このレシピを参考に調理してもらえれば、きっと「おおっ！　おいしい！」と感動する料理が作れることでしょう。

この本で得られる知識は、他の料理にも応用が利くものばかりです。料理がもっと楽しく、もっと上達する手助けになれば、料理人冥利《みょうり》に尽きます。

料理は最高！

２０２４年7月吉日

『Cooking Maniac』主宰　東山広樹

スーパーの食材で究極の家庭料理◉目次

CHAPTER 1

家庭料理が劇的においしくなる調理以前のこと

CHAPTER 2

家庭料理で感動レベルのがっつり肉・魚料理

CHAPTER 3

家庭料理の常識が変わる野菜がメインの料理

CHAPTER 4

食材のおいしさが生きるシンプルな家庭料理

・**最高のふっくら白ごはん** 「赤子泣いても蓋取るな」は迷信！　沸騰したら蓋を取って確認 …… 172
・**煮干しだしの味噌汁** 煮干しだしが家庭の味噌汁の最適解 …… 176
・**極上の目玉焼き丼** 蒸し焼きにすることで、和風だしの素がソース状に …… 180
・**高級ホテル朝食のスクランブルエッグ** 生クリームを入れることでとろとろの神食感に …… 184
・**京都の料理人直伝湯豆腐** シンプルだからこそ白だしの旨味が欠かせない …… 188
・**ラー油ニラつけそば** めんつゆ：醤油＝1：1がベスト、キレのあるバランスのよいつけダレに …… 192
・**究極のそうめん** そうめんをゆでるコツは、45秒ゆでて、1分氷水に浸ける …… 196
・**武蔵野風肉汁つけうどん** たっぷりの豚肉がよいだしになる …… 200
・**アルティメットトマトソースパスタ** 175度で加熱し、クエン酸を分解させて旨味アップ！ …… 204

CHAPTER 1

家庭料理が劇的においしくなる調理以前のこと

「おいしい」は「調理道具」から生まれる

料理は、食材をそろえただけではできあがりません。おいしい料理を作るためには、「調理道具」がかなり重要です。

だからといって、「一生使える高い調理道具を買いそろえましょう」ということではなく、おいしい料理が生まれる条件を基準に最低限の道具をそろえてほしいのです。

たとえば、フッ素樹脂加工がはがれてしまっているフライパンを使っていたら、食材の中に火が通るまでに表面が焦げてしまって、おいしい仕上がりにはなりません。また、包丁の切れ味が悪かったら、口に入れた時の食感が悪くなります。

目分量で料理をする人も多いと思いますが、僕は調理道具の中でも「はかり」が重要だと思っています。特に大人数の料理を作る時は、調味料の分量ひとつで大失敗につながってしまうことがあるからです。

1人分を作るレシピが「塩…ひとつまみ」だったら、5人分を作る時は「塩…5g」。5gを目分量でつかめる人はどれだけいるでしょうか？　このさじ加減を間違えるだけで、塩味が強く感じられたり、逆に物足りなく感じたりして、結果、おいしく作ることが難しくなってしまうのです。

はかりの他にも、フッ素樹脂加工がはがれていないフライパン、フライパンを傷つけない耐熱シリコンベラ、ちゃんと切れる包丁、調理温度がわかる温度計なども、重要度が高い調理道具でしょう。

今は、幸いにして、AmazonなどのECサイトでなんでも安く買えるようになりました。昔は東京・かっぱ橋などの道具街に買いにいくしかなかったので、本当に便利になったと思います。その半面、選択肢が多すぎて、「自分に適した調理道具」を見つけることが難しくなったともいえます。

そこで、まずは、僕が「絶対にこれは間違いない！」とイチオシするおすすめの調理道具や、調理道具を選ぶ時のポイントをご紹介したいと思います。

フライパンは「フッ素樹脂加工」と「鉄」を複数そろえて

フライパンは、料理を上手に作るうえでとにかく大事な調理道具です。

だからといって、「ケチらず、最上級のフライパンを購入してください」ということではなく、用途に応じて使い分けることが一番重要です。

1万円前後の高級フライパンをひとつ買うなら、用途別に使えるよう、安いフライパンを3つ、4つそろえることをおすすめします。


フライパンは、「材質」と「サイズ」で使い分けます。それだけでも料理が一気に上達します。

まず、「材質」についてですが、「フッ素樹脂加工」と「鉄」のフライパンの2種類をそろえましょう。

「フッ素樹脂加工」は強火ではなく、弱～中火の丁寧な火入れをする料理全般に使えます。卵料理には絶対必要ですし、実はチャーハンにも使います。

「鉄」は、強火調理に強く、ヘラやお玉でガンガンこすることができるのが強み。強火で焼き目をしっかりつけたい炒め物やステーキなどには欠かせません。一方、食材がくっつきやすいデメリットがあります。

ですので、この「鉄」と「フッ素樹脂加工」の両方のフライパンがあると便利です。

もうひとつ「サイズ」についてですが、1人分を作るならフライパンのサイズ（直径）は「20～24㎝」、2人分なら「26～28㎝」、3人分なら「30～32㎝」が目安です。

2人分のチャーハンを直径24㎝のフライパンで作ってしまっては、絶対においしく仕上げることはできません（1人分のチャーハンを直径26㎝のフライパンで作るのはアリです）。

このように、作る料理によって「材質」を変え、仕上げたい量によってフライパンの「サイズ」を変えるので、フライパンは複数持っていると便利なのです。

「フッ素樹脂加工」は消耗品と心得よ

長く使うためのコツは

①絶対に空焚《からだ》きをしない

②強火はなるべく避ける

③スプーンや木ベラを使わず、耐熱シリコンベラを使う

の3つ。火をつける前にフライパンに油を入れ、その後に加熱すると空焚きになりません。

フッ素樹脂加工は、フライパンの表面に薄い膜が貼ってあるイメージなのですが、その膜は「高熱に弱い」「物理的ダメージに弱い」という弱点があります。その膜に、なるべくダメージを与えないように丁寧に扱ってください。

実は手入れが簡単な「鉄」フライパン

鉄フライパンの手入れのポイントは

①洗う時に洗剤を使わず、タワシでこする

②洗い終えたら、空焚きをして水分を飛ばす

③水分を飛ばしたら、油を少量加えて加熱した後、キッチンペーパーで拭き取る

の3つ。鉄は錆《さ》びやすい性質があるのですが、その錆《さび》から守ってくれるのが油なのです。

この3つのポイントをしっかり守っておけば、自動的に鉄鍋系は育ってくれます。

使う時は、空焚きをして、うっすら煙が出てから油を入れましょう。

包丁だけは一生モノを選択する

僕は、「高い調理道具を買う必要はない」と提唱しているのですが、唯一包丁だけは例外となります。包丁の切れ味がいいことで、料理の仕上がりや難易度が飛躍的に変わるからです。

たとえば、鶏肉の皮がスパッと切れることで、鶏肉料理の難易度が段違いに変わります。熟したトマトをちゃんとカットできるかどうかによって食感が変化し、味わいに大きな影響を与えます。

よく切れる包丁だと、玉ねぎやにんにくなどのみじん切りの容易さも劇的に変わってきます。

よく切れる包丁の一番の利点は、「**料理を楽しくしてくれる**」ことだと思います。お気に入りの包丁でスパスパ食材を切る快感は、料理のモチベーションを爆上げしてくれるからです。

しかし、どんなに高価で、よく切れる包丁を買っても、切れ味が長続きするわけではありません。週4日ほど料理していたとして、最低でも月に1回ぐらいは、包丁を研《と》ぐ必要があります。

高くてよい包丁は、切れ味のよさだけでなく、**「切れ味の持続する期間が長い」「切れ味が落ちてきた時の最低限の切れ味がよい」「研いだ後に復活する切れ味がよい」**という特徴があります。

安い包丁だと、研いでもその効果を実感しづらいこともあるのですが、よい包丁はしっかりと切れ味が戻ってくれるので、やはり包丁だけは少々値が張るよいものをおすすめしたいのです。

一度買ったらほぼ一生使えるので、思いきって奮発《ふんぱつ》してみてください。

ちなみに、僕が使っている包丁は、大学生の時に頑張ってお金を貯めて買った高価なもので、今でも現役で、第一線で活躍してくれています。

ここで、僕が一般家庭で使うならぜひおすすめしたい包丁と、砥石《といし》を紹介しましょう。

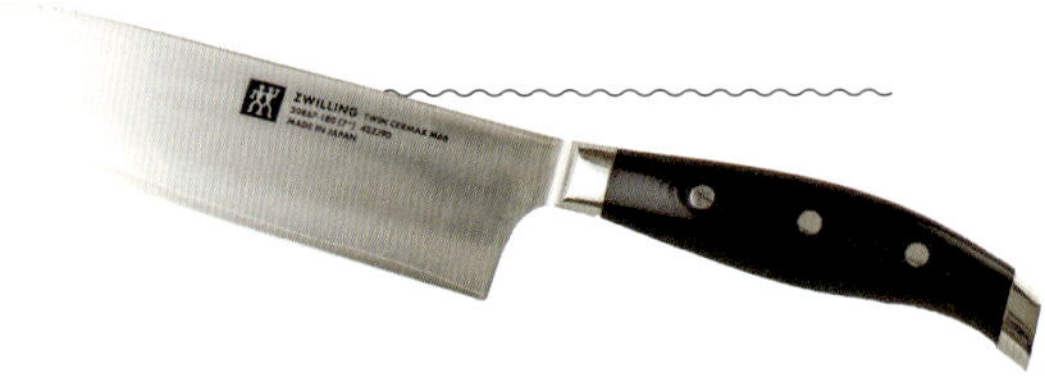

ツヴィリングの包丁

家庭用包丁の最高峰《さいこうほう》でありながら、プロの現場でも活躍する一級品。コストパフォーマンスが高いうえに、アフターサポートが充実していて、Amazon では包丁研ぎサービスを販売しています。

ツヴィリングの砥石

砥石を選ぶポイントとして「浸水がいらない」というのが大切。両面で番手(砥石の粗さ)が違うので、省スペースにもなります。ケースに滑り止めもついているので、これだけ買えばいいという完璧さ。

スーパートゲール

包丁研ぎを劇的に楽にしてくれるうえ、質を安定させてくれる超優れもの。これがあれば、包丁研ぎにおける「角度の調整」という激ムズ技術が不要になります。

「包丁を研ぐのは難しい……」と思われる方もいるでしょう。実際、突き詰めると、かなり奥が深く難しいものですが、僕のおすすめする方法なら驚くほど簡単で、技術は必要ありません。

①包丁の背にスーパートゲールをセットする
②砥石の粗砥（#250）を上にする
③少し水をかけ、包丁を前後に10回ほど押し引きする
④刃渡りのすべてを研ぎ終えたら、包丁を裏返して③を繰り返す
⑤砥石の中砥（#1000）を上にして③〜④を行う

この方法で90%ほどまで切れ味が戻ります。100%まで戻すのは大変で、もっと目の細かい砥石を購入したり、研ぎの技術を磨いたりする必要がありますが、100%の研ぎ味を目指すよりも、90%でいいので小まめに研ぐことのほうが大切です。

はかりは「5kg以上」と「0·01gまで」の2つ

冒頭で、「重要な道具」のひとつに「はかり」があるとお伝えしました。その理由は「**①料理の再現性を高めるため**」「**②味つけの失敗を減らすため**」「**③料理を上達させるため**」です。

①については、料理を作る時にある程度計量しておいて、使用した食材の分量をメモしておけば、次に作る時の再現度が爆上がりします。

②については、おいしさは調味料の加減でほぼ決まるからです。その最たるものが「塩分は食材の0・8％」という定義です。たとえば、料理を作る時に食材すべての重量をはかって1000gだったら、塩分は8g入れるとおいしく作れます。もちろん

食材の組み合わせや料理によって適切な塩分量は増減するのですが、このモノサシがあるだけで、失敗するリスクはぐんと下がります。

③については、毎回料理のたびにしっかり計量をする習慣をつけると、自分の感覚がどんどん鋭くなっていきます。たとえば、「1人分の麻婆豆腐を作る時に20gの豆板醤って多いんじゃないか?」というような疑問を持つことができたり……。

こういった感覚は、目分量で料理を作るよりも、〝数値〟という絶対的な指標を基にして作ったほうが磨かれていきます。この感覚が養《やしな》われていくと、頭の中だけでレシピを構築できるようになります。

はかりを使うことに慣れていないと、食材を都度《つど》はかるのが面倒くさく感じると思いますが、慣れれば、逆にはかりなしで料理をすることが怖くなってきます。

はかりをキッチンの一番取り出しやすい場所に置いておき、「料理をする時に一番最初に取り出す調理道具」という位置づけにしておくと、材料や調味料をはかる癖《くせ》が自然と身につきます。

はかりは、「5kg以上はかれるはかり」と「0・01gまではかれるはかり」の2つがあると便利です。

5kg以上はかれるはかり

主に食材や、食材が入ったボウルや鍋の重さをはかるのに使います。鍋ごとはかることなどを考えると5kg以上はかれるものがおすすめ。はかりには「最小表示」があるのですが、必ず1g以下のものを選んでください。

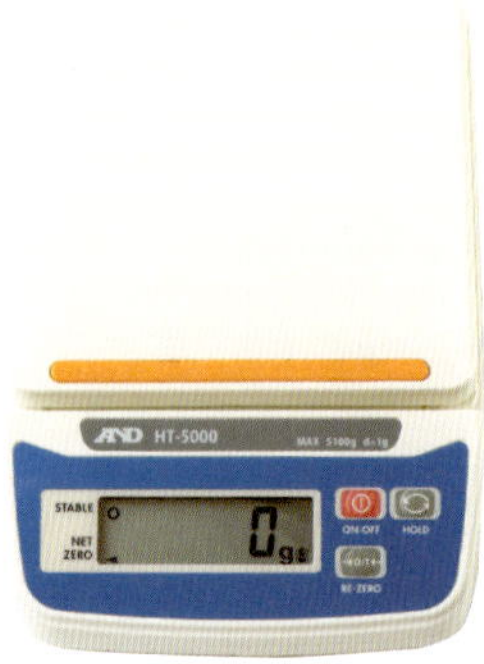

0.01gまではかれるはかり

調味料の重さをはかるために使います。最小表示が0.01gのものを推奨。正確度がまったく違います。特に、塩やうま味調味料は、たった1gの誤差であっても味への影響が大きいのです。

ステーキや揚げ物に必須なのが温度計

料理の仕上がりには、温度管理がかなり重要なのは言うまでもありません。はかり同様、食材や揚げ油の温度をはかる癖もつけましょう。おすすめはこの2つです。

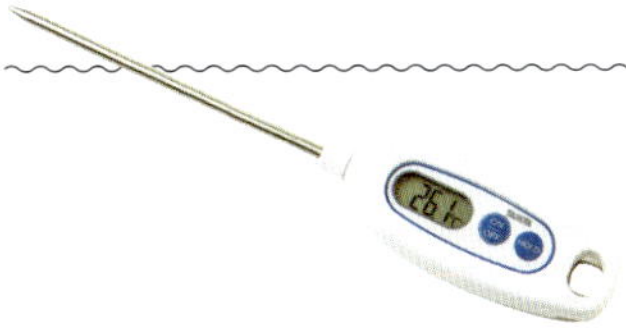

スティック温度計

液体の温度や、肉に刺して芯温をはかったりします。特に、ステーキを焼く時のマストアイテム。防滴性が高く、並外れて丈夫なものを選んでください。

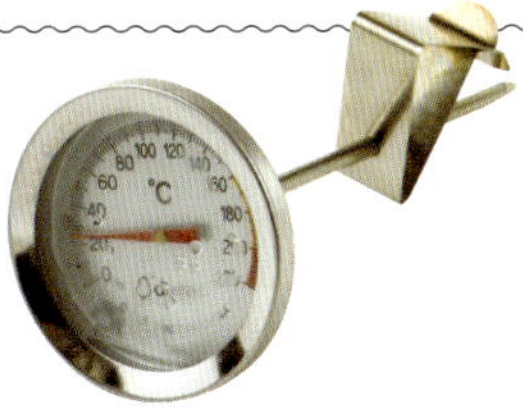

揚げ物用温度計

僕はこれがないと揚げ物ができません。揚げ物は油の温度が最重要要素になりますし、言い換えると、ちゃんとはかれば絶対に失敗しません。

食材の乾燥や油切りなどに万能な網付きバット

バットに、対応したサイズの網が敷いてあるだけのアイテムなのですが、使用頻度が超高いです。僕は同じサイズのものを6セットそろえています。

後述しますが、ブロック肉や鶏肉を買ってきたら、まずトレイから取り出し、網付きバットの上に置いて冷蔵します。これだけで保存期間が延びますし、味もよくなります。

その他、食材の乾燥や、揚げ物をする際の油切りにも欠かせません。網を外して、食材の計量や保存、食材に下味をつける際にも使います。

フッ素樹脂加工を傷つけない耐熱シリコンベラ

　前述したとおり、フッ素樹脂加工のフライパンで調理する時には、必要不可欠なアイテムです。木製のヘラや菜箸で食材を炒めたり、焼いたりすると、フッ素樹脂の膜はすぐに傷がついてはがれてしまいます。しかし、シリコン製であれば傷みません。

　また、鍋から皿に料理を盛る時や、ボウルから調味料を注ぎ入れる時などに、シリコンベラでこそげ落とせば、料理や調味料が残ることなくきれいに移せます。

　できれば、シリコンの菜箸もそろえられるといいでしょう。選ぶ時は必ず「高耐熱」のものを選んでください。

「浸《つ》ける」「浸《ひた》す」は密閉保存袋が便利

「調味料に浸ける」といった工程は、どれも密閉保存袋で行えば、仕上がりのクオリティが高くなります。

鶏肉を調味液に浸ける、野菜を塩でもむ、おひたしを作る……など、すべて密閉保存袋で行いましょう。

密閉保存袋に食材と調味液を入れたら袋の口を閉じるのですが、この時に端っこを1cmほど開けておきます。大きめの鍋やボウルに水を張り、密閉保存袋の開いている口から水が入ってこないようにゆっくり水に沈めていきます。そうすると、水圧で袋の中の空気が押し出されていきます。

空気がしっかり抜けたら口を閉じます。これで疑似的《ぎじてき》な真空状態になります。この状態だと、調味液が食材にまんべんなく行き渡るので、しっかりと染み込みます。

ノンストレスのおろし金

にんにくやしょうがは、すでにおろしたものが売られていますが、やはり、生のにんにくやしょうがをおろしたほうが、断然香りの立ち方が違います。

ですが、「すりおろす」のは、面倒な工程のひとつに感じている人も多いでしょう。

そんな方にぜひおすすめしたいのが、食材をすりおろすストレスをすべて取り除いた、この『エバーおろし』（飯田屋）。目が詰まることなく、軽い力で、とにかく快適に食材をすりおろすことができます。しかも、繊維が切れるので、しょうがもかなりきめ細かな仕上がりになります。

キッチンペーパーとクッキングペーパーを常備して

プロの現場からご家庭まで、超マストアイテムなのが「キッチンペーパー」です。よく「食材の水分を拭き取る」「汁気を拭き取る」といった工程がありますが、これは絶対に省いてはいけません。

余分な水分があると、臭みが残ったり、水っぽくなったり、食感が悪くなったりするほか、衛生面に悪影響を及ぼします。「布巾《ふきん》でもよいのでは？」と思われるかもしれませんが、布巾は余分な水分を含んでいることもあり、「完璧に水分を拭き取る」ことは難しいのです。

一概にキッチンペーパーといっても、「キッチンペーパー」と「クッキングペーパー」の2種類あるので、両方を用意してください。かなり高頻度で使うので、キッチンの中でもできるだけ取り出しやすい場所に置いておきましょう。

まず、**キッチンペーパーは、主に手、作業台、調理道具の水気を完璧に拭き取る**ために使います。エンボスタイプのもので、吸水性に優れています。

一方、**クッキングペーパーは、主に食材の水分、汁気、油分を拭き取る**のに使います。フェルトタイプで、キッチンペーパーより厚手。目が粗く、熱や油に強く、電子レンジで使うこともできます。

キッチンペーパーでも魚や肉の水分を拭き取ることはできますが、破れやすく、食材にくっつきやすいので、クッキングペーパーがおすすめです。

また、余談ですが、『ピチット』（オカモト）という脱水シートも用意しておくと便利です。

刺身のサクを買ってきたら、『ピチット』でくるんで30分ほど冷蔵保存してみてください。魚の生臭さが一気に消えて、旨味が凝縮されます。しかも保存期間もアップします。少しお値段は張りますが、神アイテムです。

ただし、あまり店頭では見かけないので、インターネットで購入するのが便利です。

調味料の目的はひとつだけではない

皆さんが料理に砂糖を入れる理由は何でしょうか？　多くの人は「甘味をつけるため」と答えると思います。それはもちろん大正解。でも、料理上手な人は、「コクを出すため」「塩辛さを抑えるため」「液体に粘度をつけるため」「食材の保水性を高めるため」「魚の生臭さを抜くため」など、砂糖ひとつとっても多くの目的に応じて料理に加えているのです。

同様に、塩は「塩味をつけるため」以外にもたくさんの目的や効果があり、醤油、酢、みりん、酒……すべての調味料には味つけ以外のさまざまな目的や効果があります。

それでは、もうひとつ質問。

「料理が上手」とはどういうことを言うのでしょうか？

それに関しては、僕もずっと答えを探し続けているのですが、未《いま》だ答えは出ていません。なぜなら、定義することはとても複雑で、ひと言ではとても言い表せられないからです。それでも、間違いなく言えることがあります。

それは、**「料理が上手な人は、調味料の使い方が上手」**だということです。

たとえば、「なんかイマイチおいしくないな」「何か味が決まらないんだよな」と思っている料理に小さじ1の酢を加えただけで、料理の味を激変させられる人がいます。調味料ひとつでいきなりおいしくなる。それができる人は、とても料理上手だと言えるでしょう。つまり**「〝味〟を〝調える〟ことが上手」**なんです。

ここから、料理上手になるための「調味料」の知識、考え方、使い方などを紹介していきますので、それぞれの調味料の「味をつける」以外の目的や効果について知ってもらえたらと思います。

味つけは「あし」の順番で

「料理のさしすせそ」といって、味つけをする順番をわかりやすく示した言葉があります。調味の際、「さ（砂糖）」「し（塩）」「す（酢）」「せ（醤油）」「そ（味噌）」の順番で味つけをするとうまくいくといわれているのですが、調味の仕方は実はもっと簡単です。

味つけは「『あし』の順番で入れる」と覚えてください。

「『あ（甘味）』から先に入れて、『し（塩味）』の調味料は後で入れる」という順番だけ覚えれば大丈夫です。

ちなみに、甘味は、砂糖、みりん、はちみつなど。

塩味は、塩、醤油、味噌、ナンプラー、豆板醤《トウバンジャン》など。

なぜ、甘味が先で塩味が後なのかというと、砂糖と塩とでは分子量がまったく違うからです。

砂糖の分子量は342・2で、塩の分子量は58・5と、6倍もの違いがあります。分子量が小さいほど食材に染み込みやすいので、分子量が小さい塩（塩分）を先に入れ、その後で分子量が大きい砂糖（糖分）を入れると、食材に甘味が染み込みにくくなってしまうのです。

なので、甘味を先に、塩味を後にして、両方の味をほどよく食材に染み込ませてください。特に、煮物においては味つけの順番が超重要です。甘味の素である糖分を多く含む調味料を先に入れるようにしましょう。

塩味がある調味料は、甘味がある調味料よりも後です。

特に、醤油や味噌は加熱しすぎると風味が飛ぶので、料理の後半に入れるほうが香りも立ちます。

塩の分量は食材総重量の0・8％が基本

「塩」は、料理においてもっとも重要で、かつ、もっとも高頻度で使う調味料です。ですが、「塩を入れると、いきなりしょっぱくなっちゃって、使い方が難しい」という声をよく聞きます。

たしかに、塩は少量でも強いので、量の加減が難しい調味料のひとつです。ここで大切なのが「計量」。ちゃんと計算をし、計量すれば、恐れることはありません。

22ページの「はかり」の項でも触れましたが、**「塩分は食材総重量の0・8％」**を目安に使用してください。これが基本です。

食材の重さを計量して、その0・8％の重さの塩（例：食材総重量1000ｇに対して塩8ｇ）をはかる癖をつけてください。その癖がついてくると、食材の重さをちゃんとはかれなかった時も、「この料理にこれだけ塩を加えたら多いのでは？」という感覚が身につきます。「塩の感覚をつかむ」ことは料理の上達にとってとても大事なことです。

塩を上手に使うために、知識として、次の「塩と基本五味の相互作用」について覚えておきましょう。

●塩＋旨味：けた違いに相性がいい組み合わせ。旨味が〝塩カド〟をかなり和《やわ》らげ、塩が旨味を増強します。

●塩＋甘味：旨味と同様に、塩辛さを軽減してくれる効果があります。

●塩＋酸味：かなり相性がいい組み合わせ。塩味に酸味が加わると、旨味に似た味になります。そのため、塩の使用量を減らすことができ、同時に酸味のカドを和らげてくれます。

●塩＋苦味：塩＋苦味＋旨味によって、黄金のバランスがとれた味わいになります。野菜には適度な苦味があるため、漬物などもおいしく仕上がるのです。

醤油は4種類を常備し、料理によって使い分けを

醤油については語りたいことがたくさんあるのですが、最低限そろえておいたほうがいい4種類と、その使い分けについてご紹介させていただきます。醤油は同じタイプでも、メーカーや販売地域によって味わいが異なってくるので、自分の好みに合った銘柄を見つけましょう。

①うすくち醤油

色が淡い醤油で風味も控えめ。食材の風味と色を生かすことに長《た》けています。関西風の味つけをする際には絶対不可欠。

〈料理例：茶碗蒸し、おひたし、だし巻き玉子、関西風うどんなど〉

②こいくち醤油

もっともポピュラーな醤油。味も風味も濃いめ。全体のバランスがとれていて、料理にバシッとした旨味とコクのインパクトを与えてくれます。

〈料理例：煮物、炒め物、肉の下味、卓上のかけ醤油など全般〉

③さしみ醤油

あまり料理に使われない醤油ですが、僕は一番よく使います。砂糖、うま味調味料などを加えて味を調えた醤油で、味がバランスよくまとまっています。なんとなく味が決まらなくても、おいしいさしみ醤油を加えるだけで一気に味がまとまります。

〈料理例：麻婆豆腐、炒め物系全般、タレ系（特に餃子のタレ）、照り焼きなど〉

④白醤油

醤油の色や風味が限りなく抑えられていて、塩と醤油の中間のような立ち位置の醤油。食材の風味を邪魔しないので、野菜料理や鶏肉料理にとても合います。

〈料理例：野菜のおひたし、浅漬け、鶏肉のから揚げの下味など〉

砂糖は甘味度によって使い分ける

料理で「砂糖を使う意味」について32ページでも軽く触れましたが、ここでは「甘味をつける」以外の代表的な3つの効果をご紹介します。

①塩カドを和らげて味を丸くする

甘味が加わることで、塩味の尖《とが》った感じをマイルドにしてくれる効果があります。

②保水性を高める

砂糖は保水性（抱え込んだ水分を離さない性質）が高いため、料理に加えることでしっとりした食感が生まれます（卵焼き、ホットケーキ、アイスクリームなど）。

③ 液体の濃度を上げる

砂糖は水分に溶けやすい性質を持っているため、液体の濃度を上げます。砂糖を入れて加熱した液体は濃度が上がり、きめ細やかな「とろみ」を与えてくれます（照り焼き、ガムシロップなど）。

砂糖にもいろいろな種類がありますが、どのように使い分けるのがいいでしょうか？　僕は、「甘味度」によって使い分けをしています。

砂糖類には、**「甘味度」という「甘さを数値化した指標」**が定められています。その基準はグラニュー糖で、甘味度が１００。黒糖は75〜86。甘味度が低いほど甘さは控えめになります。

甘味度が高い場合は、甘さの比率が高いので、「純粋でキレのある甘さ」が出ます。甘味度が低ければ「雑味を伴《ともな》ったやわらかな甘さ」が出ます。

僕のおすすめはてんさい糖（甘味度約65）。甘味が穏やかで旨味があり、黒糖ほど癖が強くないので、いろいろな料理に使えます。

みりんは複雑な味わいと芳香《ほうこう》を持つ調味料

みりんは、やや上級者向けの調味料でしょう。「みりん」といっても、大まかに「本みりん」と「みりん風調味料」に分類されます。それぞれによさはあるのですが、ここでは「本みりん」に的を絞って説明します。

本みりんは、米を主な原料として糖化・熟成させた調味料であり、甘さがメインの味わいでありながら、複雑な味わいと芳香を持つ調味料です。

料理にみりんを加える大きな目的は3つです。

①甘味を加える

みりんの甘さは砂糖の3分の1といわれています。つまり、甘味度換算するなら33という計算になります。41ページでも説明したとおり、甘味度が低いほうが料理にやさしい甘さを与えてくれます。やさしい甘さのほうが素材の味わいを生かしやすいので、煮物などに向いているのです。

②旨味を加える

みりんは砂糖に比べると、実に多くの旨味成分を含んでいます。そのため、料理の味に厚みを与えてくれます。

③水分を与える

砂糖は保水能力の高さにより液体の濃度を高めますが、みりんはその逆で、液体の濃度を薄めます。たとえば、味噌に甘さを加えたい場合、砂糖を加えるとさらにかたくなりますが、みりんを加えると、ほどけて流動性が増します。

みりんは、「甘味と旨味を含んだ液体調味料」です。旨味を含んでいるため、旨味をあまり必要としないお菓子には向きませんが、旨味を必要とする料理にはとても汎用性《はんようせい》が高い調味料なのです。

酒の複雑な旨味を料理に足して奥行きを出す

ここで言う「酒」は、料理酒のことではなく、日本酒のことを指しています。「料理酒」には食塩が含まれているため、そのまま計算なく使うと塩味が強くなります。僕が料理に使う酒は「日本酒」ですが、そもそも「何で料理に酒を入れるの?」と思われる方も多いかと思います。

この理由を理解するのに一番わかりやすい方法があります。

家にある日本酒を100ccほど鍋に入れ、30cc程度になるまで煮詰めてみて、冷めたらその液体を舐《な》めてみてください。その味を加えたいから料理に酒を入れるのです。お酒のアルコールを飛ばして煮詰めたら、旨味がガツンときて、次に甘味、後味にかすかな酸味が残る味わいになったかと思います。

酒には、非常に複雑な旨味成分が含まれています。日本人にとっての旨味の代表格といえば、昆布に多く含まれるグルタミン酸、次いで鰹節《かつおぶし》のイノシン酸が挙げられますが、そこに日本酒の複雑な旨味が加わると、味に深い奥行きが出ます。

「酒は肉の臭みを消す」という説をよく聞きますが、僕はその説には懐疑的《かいぎてき》です。というのは、生肉に臭み消しのために酒を加えた場合、肉の細胞にアルコールが浸透し、加熱してもアルコールが揮発《きはつ》せず、アルコールの香りと苦味が抜けないことがあるからです（「肉野菜炒め」など、あえて酒の苦味を生かす目的で使うのは、例外的にアリです）。

そのため、生肉の下味に酒を使う場合は、事前に酒を「煮切る」ようにしてください。鍋に酒を入れて加熱し、酒に火をつけ、そのまま火が消えるまで加熱し続けてください。このようにして煮切った酒は、アルコールが飛んでいるので、肉の下味つけにぴったりです。

酢を使い分けられたらプロ級の腕前

酢は単に「酸味を加える」ためだけではなく、さまざまな目的のために使われます。「風味づけ」「魚の臭み消し」「旨味の増強」「塩カドを和らげる」「ほんのり甘さを足す」など、その目的は多岐《たき》にわたります。

「なんだか料理の味が決まらないな……」という時は、酢を少量加えるだけで味が一気にまとまることがよくあります。しかし、酢は種類が多く、種類によって味わいも、香りもまったく異なり、使い分けがとても難しいもの。

そこで、僕がおすすめしたい酢を、使用頻度が高い順にまとめてみました。

① 米酢

特に『富士酢』（飯尾醸造）がおすすめです。酸味が尖ってなく、旨味が強いため、料理の味をまとめてくれます。酢が苦手な方でも使いやすいと思います。

②生レモン汁

酢ではないのですが、超高頻度で使います。穏やかな酸味、やさしい甘味、鮮烈《せんれつ》な香りが料理に精彩《せいさい》を与えてくれます。特に生野菜、果物、生魚との相性が抜群です。

③白ワインビネガー

鋭く強烈な酸味があり、しっかりと酸を立たせたい料理に使います。

④鎮江香醋《ちんこうこうさく》（中国黒酢）

酸味がかなり穏やかで、甘味と旨味が強い酢。炒め物などの加熱する料理によく使います。

この4つを使い分けられたら、料理の幅がかなり広がります。特に生レモン汁は重要で、常に冷蔵庫に生レモンをストックしておくと便利です。

うま味調味料は超優秀！

うま味調味料の『味の素』の使用に関しては賛否両論ありますが、僕は断然支持派です。『味の素』の主成分はグルタミン酸ナトリウムで、昆布の旨味成分であるグルタミン酸と同じ味わいだといわれています。しかし、僕の考えでは、たとえば「町中華のチャーハン」を再現する場合には、やはり『味の素』をはじめとしたうま味調味料は欠かせないと思います。『味の素』の代わりに「昆布だし」で炊いたごはんではどうにも同じ感じが出ないのです。

うま味調味料は、少量でも料理の味をガラッと変えるインパクトがあるので、使いどころはちゃんと選ばないといけません。イタリアンに醤油をドバドバ使うと違和感が出てしまうように、『味の素』が合う料理、合わない料理というのは当然存在します。上手に使いこなせてこそ、うま味調味料の本領が発揮《はっき》できるのです。

こしょうは塩とセットにしない

巷《ちまた》にあふれるレシピでは、「塩・こしょうをする」といった表記が多く、「塩」と「こしょう」がセットで使われることがよくあります。もちろん、塩とこしょうを一緒に使うことが最適な場面もあるのですが、このレシピは「塩だけのほうがよくない？」と思うことも多々あります。

こしょうは、日本人にとってなじみ深いスパイスですが、実は**スパイスの中でも結構性格が強い**のです。

肉の臭み消しにこしょうは有効ですが、野菜になんとなく使ってしまうと、ちょっと違和感のある味わいに仕上がってしまったりもします。

こしょうの使い方を一度見直してみましょう。特に野菜は、ひとまず塩だけを振って味を見ると、素材の風味がより純粋に生かせるようになると思います。

オリーブオイルは2種類あると便利

オリーブオイルは、植物油の中でももっとも汎用性が高い、最高の油です。フライパンや鍋に入れるスターターオイルとしても使えますし、サラダや料理の仕上げに使うこともできます。

おすすめしたいのは、**安いオリーブオイルと、高いオリーブオイルの2種類を用意すること**。

フライパンで加熱する油は、安いオリーブオイルを使ってください。高いオリーブオイルは風味が素晴らしいのですが、加熱をするとその香りのほとんどは揮発してしまい、安いオリーブオイルとの差が出にくくなるからです。

安いオリーブオイルはピュアオリーブオイルでもいいですし、安いエキストラバージンオリーブオイルでもかまいません。

一方、サラダやパスタの仕上げ、カルパッチョなどに使うオイルは、高いオリーブオイルがいいでしょう。

高いオリーブオイルは、香りや味わいが素晴らしく、仕上げに使うだけで一気に料理の味をまとめ上げてくれます。このパワーは安いオリーブオイルにはなく、高いもののこそが持っている強み。

たとえば、厚めにスライスした生マッシュルームに生レモンを搾って軽く塩を振り、高いオリーブオイルを回しかけてみてください。おしゃれなイタリアンレストランで、1200円ほどで出てくるようなサラダの完成です。

高いオリーブオイルを選ぶ時は、遮光性が高い瓶に入っているものがいいでしょう。そして、なるべく日が当たらないところで保管すれば、半年~1年くらいはおいしく使えます。

塩

精製塩
うま味調味料を使う料理はこれでOK。安さと純粋な塩味がよい。

ゲランドの塩 セル ファン
旨味と塩気のバランスが優れている万能の塩。僕が一番よく使う塩です。

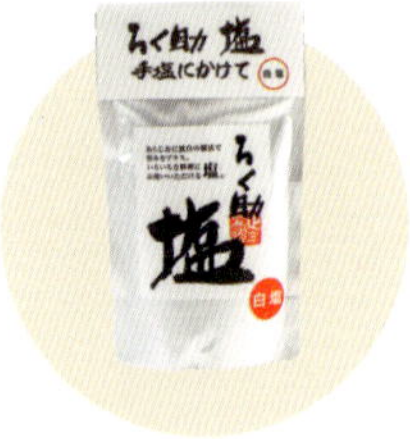

ろく助 塩
塩界の革命児、旨味がすごく、一気に味が決まる。

UPGRADE

料理をアップグレードする おすすめ調味料

醤油

日々是好日 濃口醤油（水谷醤油醸造場）
個人的に日本一おいしい醤油。

特選かつおだし 越のむらさき
新潟で見つけたびっくりするほどおいしいだし醤油。

さくらうすくち醤油（宮島醤油）
とにかく使いやすい。純粋な塩味がよい。

みりん

三州三河みりん（角谷文治郎商店）
そのまま飲んでもおいしい。バニラアイスにかけると最高にうまい！

酢

純米富士酢（飯尾醸造）
酢の概念を変えてくれる最高の酢。

砂糖

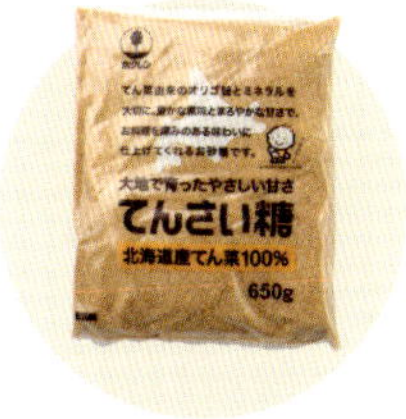

てんさい糖（ホクレン）
やさしい甘さと旨味が料理に寄り添ってくれる。

油

ラード
油でありつつ調味料でもある。これがないとチャーハンは作れない。

九鬼 ヤマシチ純正胡麻油
まったく癖がない油で、とにかく軽い。

豆板醤

四川豆板醤（ユウキ食品）
豆板醤の傑作《けっさく》といえる。辛味もちょうどいい。

めんつゆ

つゆの素ゴールド（にんべん）
甘さ控えめでキリッとうまい、最高のめんつゆ。

オリーブオイル

ICONO SPICY
このクオリティにしては安すぎる。ピリッとしたスパイシーさが料理に精彩を与える。

味つけは割合で考えるべし

ここまで調味料について解説してきました。22~23ページでは、「食材を計量する癖をつけましょう」という話をしましたが、次のステップは、**「レシピを〝割合〟で考える癖をつける」**ことです。この癖が身につくと、ものすごく料理が上達します。

たとえば、「豚のしょうが焼き」を作りたいと考えているとします。豚肉の重さをはかったら300gでした。さて、醤油をどれくらい入れるでしょうか？　みりんはどのくらい？　砂糖はどのくらいでしょうか？

このそれぞれの調味料の分量を決める際に「割合」で考えると、とてもよい指標になります。そして、その割合を決める時には順序があります。

①食材に対する塩分量を決める

②①に対する調味料の割合を決める

この順番です。塩分量が料理の味わいに一番影響するので、最初に決めてください。ほとんどの調味料は比重の関係で、大さじ1＝15gではなく、数gの誤差があります。ここでは、「調味料同士の割合」に重きを置いているため説明は省きますが、はかりで重さをはかるのが正確です。

醤油の分量を豚肉300gの5％に設定すると、醤油は15g（約大さじ1）。

みりんの分量を、醤油と1：1になる量（＝対醤油100％）に設定すると、みりんは15g（約大さじ1）。

砂糖の分量を醤油の50％に設定すると、砂糖は7・5g（約大さじ1／2）。

しょうがの分量を豚肉300gの10％に設定すると、しょうがは30g。

油の分量を豚肉300gの5％に設定すると、油は15g（約大さじ1）。

これをレシピ化すると、「豚バラ薄切り肉…300g、醤油…大さじ1、みりん…大さじ1、砂糖…大さじ1／2、しょうが…30g、ごま油…大さじ1」と、迷うことなく導き出せるようになります。

自分好みの味つけの黄金比の見つけ方

最初に設定した「醤油の分量を豚肉300gの5%に設定する」に関しては、しょっぱいか薄いかがわかりません。ただ、一回設定してみたレシピの結果によって、「醤油の分量が豚肉の重量の5%」が適切かそうでないかが検証でき、自分の知識になります。

目分量で料理を作っている時に比べて明確な指標があるので、安定した味つけが得られるでしょう。

最初に塩味系の調味料の分量を決めたら、後はその調味料に対する他の調味料の割合を考えていけば、味つけの幅が広がり、自分好みの味に近づくでしょう。

たとえば、僕は「醤油とみりんは1：1」がおいしい黄金比率だと思っているのですが、もしかしたらそれではしょっぱすぎると感じる人もいるかもしれません。でしたら、自分がおいしいと感じる黄金比率、たとえば「醤油とみりんを1：2」にしてみましょう。そうすると、その割合が自分の中に感覚として身につきます。

このような感じで、味つけを割合で考える癖を身につけていけば、自分の中で「○：△△はX：Y」のような知識と感覚がどんどん蓄積されていきます。

こういった**味つけの割合のストックの多さが、「料理上手」であるかどうかのひとつの基準**だと思います。

実際、和食では、先人たちが築いてきた割合がたくさん存在しています。その割合を全部暗記して使いこなすのはすごく難しいですが、自分の舌で覚えた割合ならなかなか忘れないはずです。

ひとまずは記載のレシピどおりに作ってみて、そこから好みの味つけの割合を見つけ、その感覚を身につけていくことが、料理の腕を上達させる秘訣《ひけつ》だと僕は思っています。

しょうがとにんにくは単品で使う

ここまで、調味料で味つけをする話をしてきました。この項では、「しょうがやにんにくで風味をつける」話をしたいと思います。

中華料理のレシピを見ていると、しょうがとにんにくがかなりの高確率でセットになっていることが多いと思います。僕もずいぶんその組み合わせにはお世話になりましたし、おいしい組み合わせだとも思います。

ただ、スパイス使いの原則として、**「使うスパイスの種類が増えるほど、各スパイスの主張は弱くなる」**というものがあります。つまり、手癖として「しょうが＋にんにく」を使うのではなく、「この料理にはしょうがをしっかり利かせたいから、（にんにくは使わず）しょうがだけを使おう！」という考えをめぐらせてみていただきたいのです。

実際、僕は、レシピと向き合うようになってから、「しょうが＋にんにく」の組み合わせを料理に使うことはほとんどなくなりました。インドカレーや煮込み料理の時くらいです。

麻婆豆腐、回鍋肉《ホイコーロー》などの中国料理の炒め物には、しょうがかにんにく、どちらかしか使いません。そうすることで、「にんにくがガツンと利いた麻婆豆腐」になりますし、「しょうががさわやかに香る回鍋肉」になります。

なので、これまで惰性的《だせいてき》に使ってきた「しょうが＋にんにく」のセットを見直してみて、「今から作る料理は、何を利かせた仕上がりにしたいのか」を考え、「しょうが」を使ったほうがいいのか、「にんにく」を使ったほうがいいのか、〝単品使い〟を試してみてください。

これまで何気なく作っていた料理が、オリジナル性の強い好みの仕上がりになると思います。

おいしいだしの簡単なとり方

一番だしを上手にとるのって難しい……という方もいるでしょう。

たしかに極めようとすると難しいですし、いろいろなだしのとり方がありますが、昆布を水に浸けておけば、あっという間においしいだしがとれます。

僕のこれまでの経験上、この方法が一番簡単でおいしいだしがとれます。

ここで、手順をお伝えしましょう。

①昆布：水＝1：100の割合で容器に入れ、ひと晩浸ける
②鍋に①を入れて中火にかけ、鍋底に泡がついたら昆布を取り出す
③昆布の2倍の重さの鰹節を加え、沸騰《ふっとう》したら火を止めて1分放置する
④ザルで③を濾《こ》したら完成

家庭料理であるなら、もったいないので、濾した鰹節をギュッと絞っていいと、僕は思っています。ただし、もし日本料理に使うような上品で澄んだだしをとりたいなら、ガーゼなどを使って丁寧に濾し、鰹節は絞らないでください。

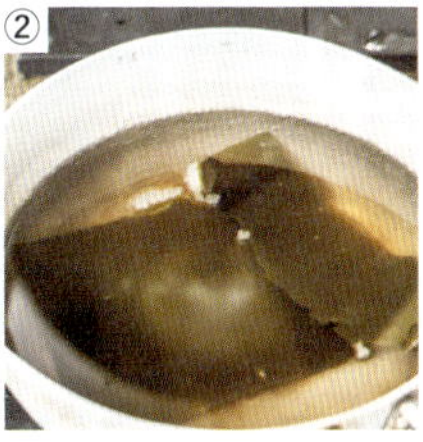

家庭でも簡単にとれる鶏ガラスープ

和風だしはわかるけど、鶏ガラスープを家庭でとるなんて……と構えてしまう方もいると思います。ですが、決して難しくありません。ボコボコ沸かさず、放置するだけなので、とても簡単なんです。

そもそも「鶏ガラ」が手に入らなかったら、無理に入手する必要はありません。安い外国産の手羽元、手羽先、鶏むね肉、鶏もも肉、鶏ひき肉などを使えば、鶏ガラを使うよりも旨味が強いおいしいスープがとれます。これらの部位と、鶏ガラを一緒にミックスしてスープをとったら最高です。

鶏ガラは、鶏の骨や皮部分のコラーゲンが豊富なので、スープにトロッとした粘度が出て、口当たりがなめらかになるうえ、この粘度がスープにコクを与えてくれます。鶏肉はタンパク質が多く、アミノ酸に分解されやすいので、スープに旨味が出ます。ですので、鶏ガラだけでなく、鶏肉も加えれば、よりコクと旨味のバランスがいいスープが完成するのです。これが、丸鶏でとったスープが格別においしい理由です。

では、おいしい鶏ガラスープのとり方をお伝えしましょう。

①鶏ガラを流水で軽く洗う
②鍋に鶏ガラと鶏肉を入れる
③鶏ガラと鶏肉がひたひたになるまで水を加える
④鍋に蓋《ふた》をせずに中火にかけ、沸騰したらアクを取る
⑤水面が軽く揺れるくらいの弱火に調節し、時々アクをすくいながら3〜4時間煮る
⑥ザルでスープを濾す
⑦鍋やボウルの底に氷を当てて急冷する
⑧ペットボトルや保存容器に小分けにし、冷凍する

鶏ガラスープをとる際のポイントは、火にかけた時にグラグラ沸騰させないこと。
鶏肉の旨味成分は熱分解されやすいので、弱火で煮るのがベストです。

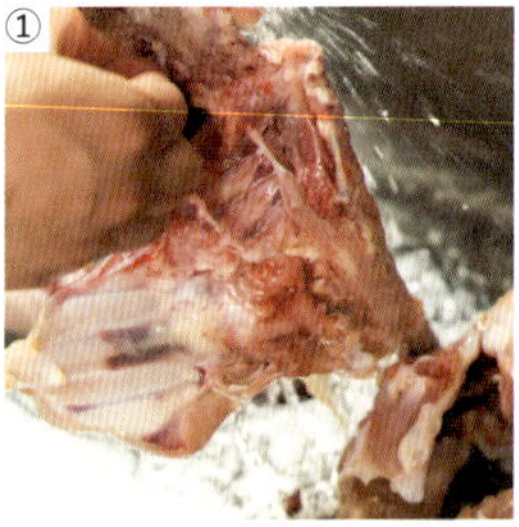
①

④

⑥

⑦

CHAPTER 2

家庭料理で感動レベルのがっつり肉・魚料理

買ってきたブロック肉は表面を乾燥させる

「肉が腐敗《ふはい》する」というのは「食中毒菌が繁殖《はんしょく》する」ことなのですが、多くの食中毒菌は肉の表面に存在し、水分がある環境で繁殖します。

スーパーで売られているパックには、肉の下に白い「ドリップ吸収シート」が敷かれています。そのシートは肉から出た余分な水分を含んだ状態なので、そのドリップ吸収シートごと冷蔵保存をしておくと、水分がある環境下での保存になるため、腐敗が進みやすくなるのです。

なので、牛や豚のブロック肉を買ってきたら、必ずやってほしいことが3つあります。少々面倒でも、次の処理をしてみてください。

①手をよく洗って、キッチンペーパーで肉の表面の水気をしっかり拭き取る

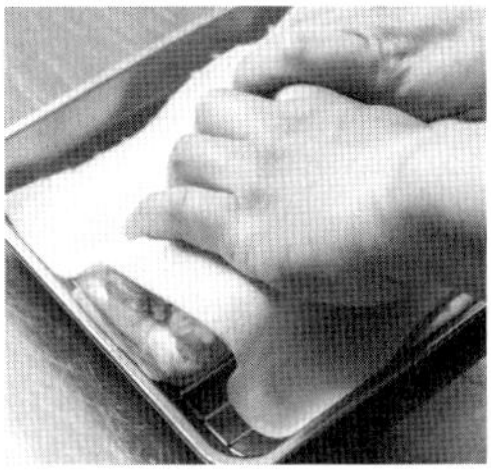

②さらに、クッキングペーパーで肉の表面の水気をしっかり拭き取る

③網付きバット（26ページ参照）に肉をのせ、ラップをせずに冷蔵庫に入れる

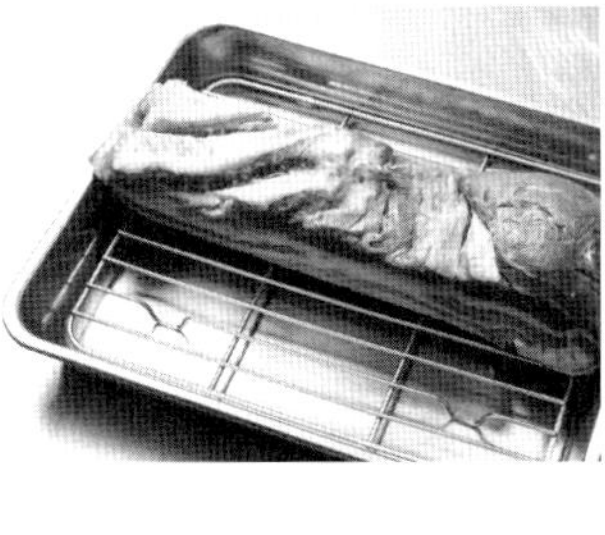

こうすることで、4～5日ほど保存できるようになります。冷蔵庫の庫内は乾燥しやすい環境なので、ラップをしないでおくと乾燥させることができます。この、肉の表面を乾いた状態でキープすることが、肉を腐敗させない大切なポイントです。

鶏肉をおいしく進化させる魔法のテクニック

鶏肉も、買ってきたらちょっとした処理をすることで、仕上がりが驚くほど変わります。その処理とは「**ブライニング**」。

このブライニングをすることで、鶏肉の臭みが抜け、パサつきゼロ、超ジューシーに進化するのです。鶏のむね肉、もも肉、ささみに特に有効なテクニックです。

ブライニングのやり方は、塩と砂糖を加えた水「ブライン液」に鶏肉を1時間ほど浸けておくだけ。これだけで鶏肉の味がおいしくなるのです。

塩の浸透圧により鶏肉の臭み成分が流出し、さらに砂糖が細胞に染み込むことで保水性が高まります（砂糖の保水性については40ページ参照）。

この下ごしらえをするだけで、パサつきやすいチキンステーキも、驚くほどやわらかく、ジューシーに作れるようになります。

では、具体的にやり方を解説します。

①**ブライン液を作る**

鶏肉と同重量の水、水に対して3％重量の塩、水に対して3％重量の砂糖を混ぜ合わせ、完全に溶かす。

②**ブライン液に鶏肉を浸す**

密閉保存袋にブライン液と鶏肉を入れる。

③**1時間ほど浸ける**

密閉保存袋の閉じ口を、残り1㎝ほど開けておき、水が入らないようにそのまま水を張った鍋に沈めながら空気を抜いて真空状態にする（28ページ参照）。冷蔵庫で1時間ほど置く。

②

③
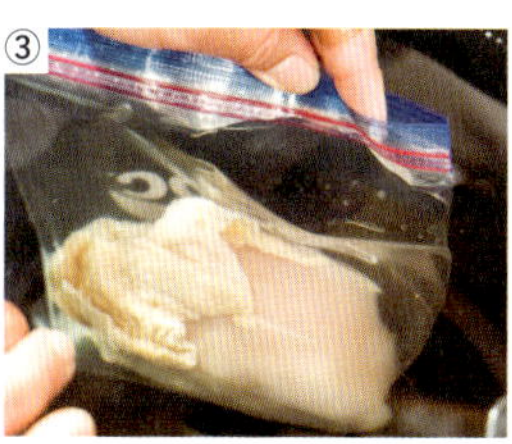

豚こま切れ肉は肉野菜炒めにしない

豚こま切れ肉ってどの部位の肉か知っていますか？実は、豚こま切れ肉は、豚肉を精肉する際に出たさまざまな部位の切れ端を集めたものです。

肉は、部位によって火入れのアプローチがまったく異なります。一番わかりやすいのは、鶏もも肉と鶏むね肉。鶏もも肉は脂肪分が多く肉質はややかたため、鶏むね肉は脂肪分が少なめで調理法によってはパサつきがち。同じ鶏肉でも部位によって性質が異なるため、当然、火入れのアプローチも異なるのです。

同様に、豚肉も部位によって性質が違うので、当然アプローチが変わってくるのですが、豚こま切れ肉はさまざまな部位の切れ端の集合なので、火入れのアプローチを最適にすることが極めて難しいのです。

僕は、豚こま切れ肉で肉野菜炒めや焼きそばを作らないようにしているのですが、そのような理由からです。

その点を踏まえて、僕の豚こま切れ肉のおすすめの使い方は3つあります。

①豚汁にする

豚汁における豚肉の役割は、「だし」として使われることが多いです。豚こま切れ肉はいろいろな部位が入っているため、複雑味のあるよいだしが出ます。しかも、ゆでることで肉がほぐれるので、具材としてもおいしく食べられます。

②煮込み料理にする

肉は煮込むことで、部位の違いによる差が出にくくなります。しかも前述したとおり、豚こま切れ肉はよいだしが出ます。にんにくやトマト、ローリエとともに煮込むと、おいしい煮込み料理ができます。

③ひき肉にする

肉はカットするとその表面が酸化してしまうので、ひき肉状態で売られているものよりも、料理をする直前に自分で包丁で叩いてひき肉にするほうが絶対おいしいです。このひき肉で作った麻婆豆腐は、明らかにワンランク上の味になります。

プロ並み
家ステーキ

究極の
家庭料理にする
すご技

肉が、焼かれていることに気づかないほど超弱火で

僕はとにかく「肉の火入れ」を研究することが大好きで、家で炭火調理ができる環境を整えたり、薪火《まきび》で肉を焼く練習をするために3日間山籠《やまご》もりをするほどです。

炭火や薪火で焼いたステーキは極めておいしいのですが、調理のハードルが高すぎるため、フライパンでおいしく焼ける方法をずっと模索《もさく》していました。そして、たどり着いたのは「肉に極力ストレスをかけない超弱火焼き」です。

よく、「切れ味のいい包丁で切られた食材は、切られたことに気づいていない」と冗談で言うことがあるのですが、感覚はそれと同じです。

ステーキは、「肉が焼かれていることに気づいてない」、そんな焼き方をしていきます。こうして焼かれた肉は、ジューシーさと旨味が段違いなのです。

RECIPE

プロ並み家ステーキ

RECIPE

材料

〔1人分〕

・牛ステーキ肉（厚さが2㎝以上の国産牛）…200g
・塩（ろく助／52ページ参照）…適量
・粗びきブラックペッパー…適量
・牛脂…1キューブ
・サラダ油…小さじ2

＊ステーキ肉は、必ず厚さが2㎝以上の国産牛を。このどちらの条件が欠けてもうまく焼けません。

RECIPE

作り方

1 フッ素樹脂加工フライパンにサラダ油をひく。

2 冷蔵庫から出したてのステーキ肉の、表面の水分をクッキングペーパーで拭き取る。

3 フライパンに肉を入れ、火をつけてもっとも弱い火力に設定する。

4 1分ごとにひっくり返しながら、10分焼く。

5 スティック温度計（25ページ参照）を肉に刺し、芯温をはかる。55度になるまで1分ごとに肉をひっくり返し続ける（温度計の使用を強く推奨しますが、ない場合は肉をトングでつかんで「ふにゃっ」とした感触が弾力があるように変化したらＯＫ）。

6 肉を取り出して網付きバットにのせ、5分休ませる。

7 フライパンに残った油をきれいに拭き取り、牛脂を入れて中火で温める。

8 肉の表面を30秒ずつ焼いて焼き目をつける。

9 皿に盛り、塩とブラックペッパーを振ったら完成。

＊肉は常温に戻さず、必ず冷蔵庫から出したてのものを使用。

＊**4**の工程で、びっくりするほど肉を焼いている気がしないのですが、辛抱《しんぼう》してください。序盤《じょばん》からジューッと音がしたらダメです。

＊肉を最後に揚げ焼きしますが、比較的強い火力が必要なため、鉄フライパンを使って、温度調節機能がついていないカセットコンロで焼くのもおすすめです。

とろとろ角煮

究極の家庭料理にするすご技

低温でじっくり仕上げるのが最高

脂身部分はとろっとろで、赤身部分がしっとりホロホロ。それが豚の角煮の理想的な食感だと思います。

角煮の火入れは90〜96度くらいの温度でじっくり長時間かけて煮込むと、理想の食感になります。肉の煮込みをおいしく作るコツは、「赤身部分になるべくストレスをかけず、コラーゲン質をやわらかく煮ていく」ことです。

まず、赤身部分のタンパク質は高温にさらされると凝固してしまうので、「低温でじっくり」がベストです。そして、コラーゲン質をやわらかくするには、ある程度の高温が必要です。

その両者の温度バランスをとるためには、グラグラ沸騰させるのはNG。静かにゆっくり煮込みましょう。

RECIPE

とろとろ角煮

RECIPE

材料

〈作りやすい分量〉

Ⓐ〈下ゆで〉

・豚バラブロック肉…500〜800g

・しょうが…2〜3片

Ⓑ〈タレ〉

・醤油…豚肉の重量の10%

・みりん…豚肉の重量の10%

・てんさい糖…豚肉の重量の5%

・Ⓐのゆで汁…豚肉の重量の10%

RECIPE
作り方

1 鍋に**A**と、豚肉が完全に浸かってさらに3㎝ほど高い水位まで水（分量外）を入れる。

2 豚肉が浮いてこないように落とし蓋をし、鍋には蓋をせず、中火にかける。

3 沸騰したら、2～3筋ほど気泡が出るくらいの火加減に調節し（90～96度）、そこから2時間ゆでる。豚肉よりも水位が低くなるようなら、適宜水（分量外）を足す。

4 別の鍋に**B**を入れ、火にかける。ひと煮立ちさせ、みりんのアルコールを飛ばす。

5 **3**の豚肉を密閉保存袋に入れ、**4**のタレを注ぎ入れる。

6 密閉保存袋から空気を抜く（28ページ参照）。

7 炊飯器にお湯適量（分量外）を張り、**6**を袋ごと入れ、保温で2時間加熱したら完成（鍋にお湯を張って**6**を入れ、極弱火で2時間湯煎でも可）。

＊お湯がグラグラ沸騰している状態は100度ですが、100度超の温度で豚肉を調理すると、すぐに赤身がかたくなってしまいます。なので、圧力鍋も推奨しません。

＊おいしい角煮を作るには、「脂を適度に抜く」ことが大切。ゆで汁から取り出し、タレで再度煮ることで、すっきり仕上がります。

究極の ささみフライ

究極の家庭料理にするすご技

「20秒揚げて、1分30秒休ませる」を3回

ささみフライで大事なのは、揚げる時間よりも「休ませる時間」。このポイントを押さえれば、究極のささみフライが完成します。

ささみは、鶏肉の中でももっとも火入れが難しい部位です。少しでも火を入れすぎようものなら、一気にパサパサになってしまう……。でも、上手に火入れができたささみは、他の部位にはない、極上のしっとり食感に仕上がります。

ささみフライを極めようと思って、1本1本揚げ方を変え、それらのデータを取りました。30本ほど揚げてたどり着いた揚げ方は、なんと……「20秒揚げたら網付きバットにとり、1分30秒休ませる」を3回繰り返す、という異例の揚げ方。

身がプリッと弾けて、超しっとりでジューシー。きっと感動すると思います。

RECIPE
究極のささみフライ

RECIPE
材料

〔1人分〕
・鶏ささみ肉…1ピース（70〜80ｇ）×3本
・ブライン液（68〜69ページ参照）…ささみと同重量
Ⓐ〔衣〕
・小麦粉…適量
・卵液…1個分
・パン粉…適量

＊1ピースあたりのささみのサイズをそろえることが大事です。サイズがそろっていれば、すべてのささみの揚げ上がりが同じであることがわかります。
＊ささみは、パックによって1本の大きさが結構違いますが、1本70〜80ｇのものを選んでください。

RECIPE

作り方

1 ささみの中央に走っている太い筋に沿って包丁を入れ、丁寧に筋を取り除く。

2 ブライン液に**1**を1時間浸け、ブライニングする。

3 ささみを取り出し、網付きバットにのせる。

4 筋を取ってえぐれた部分をぴったり貼り合わせ、ささみを棒状に成形する。

5 ラップをせずに冷蔵庫に1～2時間置き、乾燥させる。

6 Ⓐで衣をつける。**5**に小麦粉を薄くはたき、卵液をつけ、パン粉をつける（成形したささみがほどけないように、棒状を保ったままギュッと固める）。

7 170度の揚げ油適量（分量外）で「20秒揚げたら網付きバットに上げ、1分30秒休ませる」を3回繰り返す。

8 半分にカットして火が通っているか確認する。火が通っていたら完成。

＊揚げ油は、必ず温度計で温度をはかってください。

＊もし火が通っていなければ、もう一回「揚げる→休ませる」を繰り返せば大丈夫。

豚の しょうが焼き

究極の
家庭料理にする
すご技

薄切り肉は冷たいフライパンに並べてから焼くのが鉄則

豚のしょうが焼きって、どうしても豚肉に火が通りすぎてしまってパサパサしちゃいませんか？　というのも、豚の薄切り肉ってめちゃくちゃ火入れ難易度が高い肉なのです。

豚肉だから生は絶対ダメだし、すぐに火が通りすぎてしまうし、火が通りすぎるとすぐにパサパサになる……。しかも、パックから取り出したお肉をそのまま入れると、肉同士がくっついたまま焼けちゃった……なんてこともあるでしょう。

それらを防ぐには、次の2つのポイントを守るべし。「①火のついていないフライパンに豚肉を1枚ずつ並べる」ことと、「②豚肉は、しょうが焼き用ロース肉、もしくは豚バラ薄切り肉を使う」こと。

これを守るだけで、お店みたいなしっとりおいしいしょうが焼きが作れます。

RECIPE

豚のしょうが焼き

RECIPE

材料

〈2人分〉

・豚肉（しょうが焼き用ロース肉、もしくは豚バラ薄切り肉）…200〜300g

・ごま油…豚肉の重量の5％

Ⓐ〈タレ〉

・しょうが…豚肉の重量の10％

・醤油…豚肉の重量の5％

・みりん…醤油と同量

・砂糖…醤油の重量の50％

・うま味調味料…小さじ1／4

RECIPE

作り方

1 しょうがはすりおろし、**Ⓐ**の材料をすべて混ぜる。

2 豚肉は食べやすい大きさに切る。

3 フッ素樹脂加工フライパンにごま油をひき、豚肉を1枚ずつ広げて並べる。

4 強火にかけ、豚肉の片面だけを焼く。

5 豚肉の片面が焼け、上に肉汁が浮いてきたら、皿にとる。

6 **5**のフライパンに**1**のタレを入れて弱火にかけ、とろっとするまで煮詰める。

7 **5**の豚肉をフライパンに戻し入れ、強火でさっとタレを絡めたら完成。

＊面倒でも豚肉を1枚ずつ、丁寧に広げること。これだけで豚肉の火入れが均等になり、しっとり仕上がります。豚肉は、決して重ならないように。重なるようなら複数回に分けて焼きましょう。

＊**5**では、豚肉には8～9割ほど火が通っている状態。仕上げにタレを絡める際に、残りの1～2割の火入れを行うイメージです。

＊**6**でタレを事前に煮詰めておくことで、**7**で豚肉に火を入れすぎないで済みます。

奇跡のしっとり ゆで豚

究極の
家庭料理にする
すご技

豚バラブロック肉は水からゆっくりゆでる

別名「雲白肉《ウンパイロウ》」とも呼ばれるゆで豚は、水からゆっくりゆでるだけで、奇跡のしっとり食感になります。豚肉を水からゆでただけでこんなにおいしいのは、本当に反則。

ゆで豚は、冷まして冷蔵保存すれば、いろいろな料理に使えるのですが、まずは熱々を絶対食べてほしい。熱々をなるべく薄切りにして、にんにくを加えた醤油ダレで食べる。超シンプルなのに、豚バラブロック肉をもっともおいしく食べる調理法のひとつだと誇れるほど、おいしさは保証済み。

タレはどれだけかけてもしょっぱくならないように、塩分濃度を調整しているのでたっぷりかけて食べてください。面倒だったら、ポン酢、もしくはポン酢＋刻みにんにくでもＯＫ。余ったゆで豚は、ラップに包んで冷蔵保存を。

RECIPE

奇跡のしっとりゆで豚

RECIPE

材料

〈作りやすい分量〉

・豚バラブロック肉…500〜800g

Ⓐ〈にんにくダレのベース〉

・醤油…大さじ2

・みりん…大さじ2

・砂糖…小さじ1

・うま味調味料…小さじ1／4

Ⓑ〈にんにくダレの仕上げ〉

・にんにく（みじん切り）…6片分

・酢…大さじ2

・ごま油（もしくはラー油）…大さじ1

＊豚肉はなるべく厚みがあるものを選んでください。薄ければ、作り方**3**のゆで時間を45分程度に短縮しましょう。

RECIPE

作り方

1 鍋に豚肉と、豚肉が完全に浸かってさらに3cmほど高い水位まで水（分量外）を入れる。

2 豚肉が浮いてこないように落とし蓋をし、鍋には蓋をせず、中火にかける。

3 沸騰したら、2〜3筋ほど気泡が出るくらいの火加減に調節し（90〜96度）、そこから1時間ゆでる。豚肉よりも水位が低くなるようなら、適宜水（分量外）を足す。

4 にんにくダレを作る。耐熱容器に合わせたⒶを入れ、600Wの電子レンジで1分加熱。さらにⒷを加えてよく混ぜる。

5 豚肉が熱いうちに薄くスライスし、なるべく重ならないように器に並べ、**4**のにんにくダレをたっぷりかけたら完成。

＊スティック温度計があれば、豚肉に刺してみて65度を超えていればOK。

＊にんにくダレは密閉保存容器で、冷蔵庫で2〜3カ月保存が可能。

町中華のチャーシュー

究極の
家庭料理にする
すご技

醤油ダレの塩分濃度が適正であれば失敗知らず

町中華のラーメンの上にのっていたり、チャーハンの中に角切りで入っているチャーシュー。あれって、なんであんなにおいしいんでしょうね。そんなおいしいチャーシューが、家で作れたら最高じゃないですか？　ということで、レシピを研究しました。

チャーシューの作り方はいたってシンプル。「①やわらかく煮る」「②適正な塩分濃度の醤油ダレに浸ける」、これだけなんです。特に、②の「塩分濃度」が適正であれば、ひと晩くらい浸けておいてもしょっぱくはなりません。

うまく作れたチャーシューは、使い道が無限大。カットして、サラダ油をひいたフライパンで軽くソテー、醤油をちょいがけしてごはんと食べるのも最高！　しっかり厚めにカットして、チャーシューエッグにしてもたまらないおいしさです。

RECIPE

町中華のチャーシュー

RECIPE

材料

〈作りやすい分量〉

・豚肩ロースブロック肉…500〜800g

・しょうが…2〜3片

Ⓐ〈タレ〉

・醤油…豚肉の重量の20%

・みりん…豚肉の重量の10%

・うま味調味料…小さじ1

＊豚肉は、チャーシュー用としてネットで巻かれているものがベスト。

＊豚肉にネットが巻かれていない場合は、タコ糸で円柱状になるように巻き、成形してください。

RECIPE

作り方

1 鍋に豚肉としょうがを入れ、豚肉が完全に浸かってさらに3㎝ほど高い水位まで水（分量外）を入れる。

2 豚肉が浮いてこないように落とし蓋をし、鍋には蓋をせず、中火にかける。

3 沸騰したら、2～3筋ほど気泡が出るくらいの火加減に調節し（90～96度）、そこから1～2時間ゆでる。豚肉よりも水位が低くなるようなら、適宜水（分量外）を足す。

4 別の鍋にⒶを入れて火にかけ、一度沸騰させる。

5 **3**の豚肉を密閉保存袋に入れ、**4**のタレを注ぎ入れて密閉する（28ページ参照）。

6 室温に1時間ほど置いて粗熱がとれたら、冷蔵庫に入れる。最低3時間、長くて24時間浸けたら完成（残ったタレは別容器にとっておいて活用を）。

＊ゆで時間は好みの加減で調整を。かためのしっかり食感がよければ1時間、やわらかめなら2時間。ただし3時間以上ゆでるととろとろになりすぎるので注意を。

＊豚肉のゆで汁はスープにしてもおいしいし、浸けたタレは軽く煮詰めて保存しておくと、最高のソースになります。

町中華のチャーハン

究極の家庭料理にするすご技

チャーハンの決め手はラードとうま味調味料

僕は町中華のチャーハンが大好きなのですが、家で何度作っても、到底、町中華のチャーハンには及ばず……何度も断念。しかし、料理を深く研究する過程で気づいたのです。「そうか！　町中華のチャーハンに重要なのは、ラードとうま味調味料である」と。

まず、町中華のチャーハンの独特な芳香は、完全にラードによるものです。ラードを熱した香りと、ラードの旨味がチャーハンに奥行きを与えてくれます。ラードがチャーハンにおいてもっとも大事な調味料で、これなしには町中華チャーハンは成立しません。

そして、味の根幹を成すのはうま味調味料。僕がいつも料理に使う基準の10倍量使います。この突き抜け方が、町中華チャーハンの再現には不可欠なのです。

RECIPE

町中華のチャーハン

RECIPE

材料

〈1〜2人分〉

・ごはん(炊きたて)…250g
・チャーシュー(94ページ参照)…100g
・なると…50g
・長ねぎ…1/3本
・卵…2個
・うま味調味料…小さじ1/2
・塩…小さじ1/2
・こしょう…3振り
・ラード…40g

*うま味調味料は『味の素』か『ハイミー』がおすすめ。
*うま味調味料とラードの量は減らさないでください。この量を厳守。

RECIPE
作り方

1 ごはんは計量しておく。小皿にうま味調味料、塩、こしょうを入れて合わせておく。

2 チャーシューとなるとは1㎝角に切り、長ねぎは粗みじん切りにし、ボウルにまとめる。

3 別のボウルに卵を割り入れ、軽く溶く。

4 フッ素樹脂加工フライパンにラードを入れて強火で熱し、しっかり温まったら**3**の溶き卵を入れ、半熟のスクランブルエッグくらいに火が入るまで待つ。

5 **1**のごはん、**1**の調味料、**2**の具材を加え、まんべんなく混ぜ合わせる。

6 強火で、たまにフライパンをあおりながら炒める(固まっているごはんは、都度ヘラでつぶしてほぐす)。

7 2分ほど炒め、全体に具材と調味料がなじんだら完成。

＊食材は必ずすべて計量、準備を行ってから始めましょう！　スピードが勝負です。

＊フッ素樹脂加工フライパンを使う時は、耐熱シリコンベラで調理してください。

ガチ四川式 麻婆豆腐

究極の
家庭料理にする
すご技

牛カルビ肉を手切りすれば肉感と脂の旨味が段違い

麻婆豆腐は、僕のもっとも得意な料理のひとつです。高校生の時からずっと作り続けて、とうとう本場の四川に研究に行くまでに至りました。

麻婆豆腐にもいろいろな流派があり、僕は10レシピ以上開発しましたが、今回紹介するのはガチ四川式！

四川式麻婆豆腐を作る際にとても大事な要素は、牛脂の香りとコクです。牛脂に唐辛子の香ばしさを移した香りが、四川料理にとって重要な香りなのです。

ひき肉ではなく牛カルビ肉を使うことで、牛肉の脂の香りとコクをたっぷり麻婆豆腐に生かします。しかも、カルビ肉を手切りにしてひき肉にすることで、食感もアップ！　めちゃくちゃごはんが進むので、1人分で2合は炊いておきましょう。

RECIPE

ガチ四川式麻婆豆腐

*豆腐は「名称：充塡《じゅうてん》豆腐」と書いてあるものは選ばないでください。

RECIPE

材料

〈1～2人分〉

・牛カルビ肉…180g
・絹ごし豆腐…1丁（350g）
・にんにく（みじん切り）…2片分
・片栗粉…小さじ1
・山椒…適量
・牛脂…2キューブ
・ごま油…大さじ1

Ⓐ〈麻婆用合わせ調味料〉

・醤油…大さじ1
・豆板醤…小さじ2
・一味唐辛子…小さじ1～3
・うま味調味料…小さじ1

RECIPE

作り方

1 牛肉は粗みじん切りする。片栗粉は水小さじ2(分量外)で溶く。Ⓐは混ぜ合わせておく。

2 豆腐はひと口大に切り、耐熱容器に入れる。水150cc(分量外)を加え、600Wの電子レンジで3分加熱する。

3 フッ素樹脂加工フライパンに牛脂とごま油を入れて弱火にかけ、液状にする。

4 牛肉を加えて強火にし、炒めて火が通ったら火を止め、にんにくを加えてかき混ぜる。

5 Ⓐを加えて中火にし、耐熱シリコンベラで混ぜながら、油と豆板醤をなじませる。

6 **2**の豆腐を水ごと加えて強火で沸騰させる(鍋底に豆腐がくっつきやすいので、フライパンをゆすりながらしっかり煮詰める)。

7 水気が2割くらいになってとろっとしてきたら、水溶き片栗粉を細く回しながら加える。

8 豆腐を崩さないようにゆっくりヘラで混ぜ、赤い油が分離するまで煮詰める。

9 仕上げに山椒を振ったら完成。

＊焦げたら台なしなので、火加減をコントロールし、フライパンを小まめにゆすってください。煮詰め加減が難しいのですが、しっかり攻めて煮詰めるのがおいしく作るコツです。

別次元の
鮭のムニエル

究極の家庭料理にするすご技

鮭を乾かしてから、小麦粉を極薄くつける

鮭は、魚類の中でも「皮がおいしい」魚です。ですから、皮パリパリの、中はふっくらのムニエルに仕上げましょう。

ムニエルは、魚料理の初級としてよく作られるものですが、丁寧に作るとレストランのコース料理の一品級の完成度になります。

まず大事なのは、「皮と魚の表面を乾燥させる」こと。この工程を挟むことで、皮がパリパリになり、小麦粉が極薄につくようになるので仕上がりが軽くなります。

そして、皮面を下にして弱火でじっくり焼く。これにより、皮はパリパリ、身はふっくらと仕上がります。

魚の火入れは、繊細でとても難しいのですが、この方法は弱火でじっくり焼くだけなのでとても簡単です。

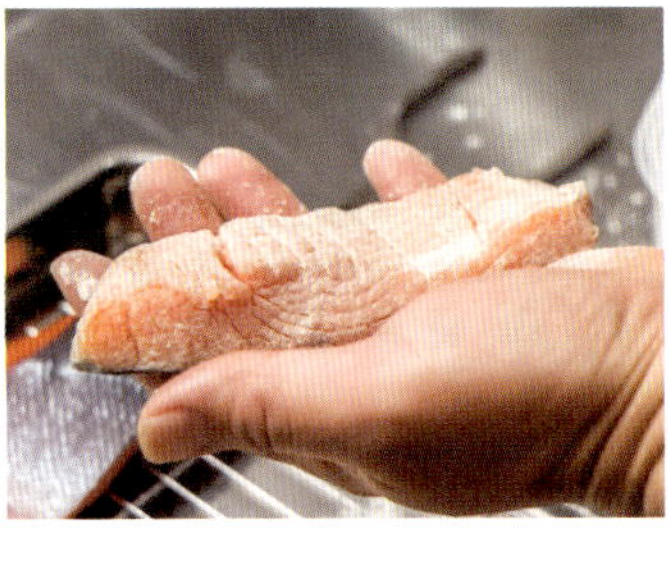

RECIPE

鮭のムニエル別次元の

RECIPE

材料

〔1人分〕

・生鮭（切り身）…1切れ

・レモン（8等分のくし切り）…1切れ

・バター（有塩）…2cm角

・小麦粉…適量

・塩（ろく助／52ページ参照）…少々（親指と人差し指でひとつまみ）

・オリーブオイル…大さじ1

RECIPE

作り方

1 鮭の水気をクッキングペーパーで拭き取り、可能であれば骨を取り除く。

2 網付きバットに鮭の皮面を上にしてのせ、冷蔵庫に入れて3〜6時間置き、乾燥させる。

3 鮭に小麦粉を薄くはたく。

4 フッ素樹脂加工フライパンにオリーブオイルをひき、鮭の皮面を下にして入れる。

5 弱火にかけ、鮭に塩を振り、じっくり焼いていく。

6 8割ほど火が通ったら、ひっくり返して15秒ほど焼く。

7 鮭を網付きバットに取り出し、フライパンの油をキッチンペーパーで拭き取る。

8 **7**のフライパンを弱火にかけ、バターを入れる。鮭を戻し入れ、バターを絡める。

9 鮭の皮を上にして皿に盛り、フライパンに残っている溶けたバターをかける。レモンを添え、搾ってかけながらいただく。

＊鮭の皮に3㎝間隔で切り目を入れると、食べやすくなります。

＊皮面を下にしてフライパンに入れたら、8割火が通るまで決して裏返さないでください。

＊生鮭がベストですが、塩鮭を使う場合は**5**で塩を振らないでください。弱火がマストです。皮を焦がさず、じっくり火を入れてパリパリにしましょう。

＊バターは絶対焦がさないで。溶けたバターを絡めるイメージです。

鯛のカルパッチョ

究極の家庭料理にするすご技

昆布締めにすることで臭みが抜け、旨味がアップ!

僕は嗅覚が敏感で、特に魚の生臭さが人一倍苦手です。なので、絶対に生臭さを感じさせず、おいしく食べられるカルパッチョを作ってみました。

「カルパッチョなのに昆布締め?」と意外に思われるかもしれません。しかし、昆布締めは「魚の臭みを抜き、旨味を加える」素晴らしい手法なのです。

カルパッチョにとって魚の臭みを抜くメリットは言わずもがなですが、自然な旨味が加わることで、ドレッシングをかけずとも塩、生レモン汁、オリーブオイルだけでばっちり味が決まるようになります。塩は『ろく助』、もしくは『ゲランドの塩』など、粒が粗いおいしい塩を選んでください。後は、必ず生レモン汁を使うこと。そして、オリーブオイルもなるべく上質のものを使ってください。

RECIPE

鯛のカルパッチョ

RECIPE

材料

〈1～2人分〉

・鯛の刺身（サク）…1枚
・レモン…1／2個
・昆布…鯛と同じサイズのものを2枚
・塩（ろく助、ゲランドの塩など／52ページ参照）…適量
・オリーブオイル…適量

＊鯛は厚みがあるものを選んでください。

＊オリーブオイルは特に上質のものにこだわることで、味のグレードがかなりアップ。オリーブオイルのポテンシャルを完全に生かせる料理です。

RECIPE

作り方

1 鯛の表面の水分をクッキングペーパーでよく拭き取る。

2 昆布で鯛を挟むようにして貼り、ラップでぴっちり包み、軽く輪ゴムでとめる。

3 冷蔵庫に入れ、6時間以上置く。

4 鯛から昆布をはがし、鯛を斜めに薄くスライスする。

5 鯛が重ならないように皿に並べ、レモンを直接搾り、塩を振ってオリーブオイルをかけたら完成。

＊最長24時間置いても大丈夫です。

＊できれば、鯛を盛る皿も冷やしておくことをおすすめします。

＊昆布締めにした時点で、おいしい塩味がついているので、最後に振る塩は、あくまでアクセント目的です。

アサリだし ラーメン

究極の家庭料理にする
すご技

冷凍アサリはだしをとるのに最適

業務用スーパーで冷凍アサリが売っているのを見た時、「この食材を思いっきり有効活用できないか?」と考えました。だって、むき身のアサリが500gで600円という安さなんです。生のアサリより断然お安い!

研究に研究を重ねた結果、冷凍アサリは、「だしをとるための食材として使うのが最適」という結論に至りました。

アサリの旨味はコハク酸がメインですが、旨味量が豊富。冷凍することで細胞が破壊され、旨味が流出しやすくなるのです。ということは、具材として食べると味が抜けていてイマイチでも、スープをとるのには最適な下処理がされているということ。冷凍アサリをたっぷり使ってとったスープは、塩を入れなくても飲み干せるくらいおいしくて驚きました。

RECIPE

アサリだしラーメン

RECIPE

材料

〔1人分〕

Ⓐ〔アサリだし〕

・冷凍アサリ（むき身）…500g

・水…アサリの重量の2倍

Ⓑ〔ラーメン〕

・中華麺…1玉

・長ねぎ…適量

・うま味調味料…少々（親指と人差し指でひとつまみ）

・塩…適量

・オリーブオイル…小さじ1／2

・Ⓐのアサリだし…300cc

＊麺は極太でなければ何を選んでもOKです。個人的には中太ちぢれ麺がおすすめ。あれば、おろしたてのしょうがを入れても抜群においしいです。

RECIPE

作り方

1 鍋にⒶのアサリと水を入れ、強火で沸騰させ、アクを取る。

2 中火で加熱し続け、アサリがヒタヒタになったら、ザルで濾してスープをとる（一番だし）。

3 ザルにとったアサリを別の鍋に入れ、**1**、**2**の工程を繰り返す（二番だし）。

4 Ⓑでラーメンを作る。鍋にアサリだしを入れて火にかけ、沸騰したら、うま味調味料と塩で味を調える。

5 長ねぎは斜め薄切りにする。

6 沸騰したたっぷりの湯（分量外）で中華麺をゆで、ザルに上げてしっかり水気を切る。

7 丼に**4**のスープを注ぎ入れ、**6**の麺を入れ、オリーブオイルを垂らし、長ねぎをのせたら完成。

＊一番だしと二番だしを合わせ、仕上がり量が500～600㏄なら理想的。小分けにして冷凍しておいても便利。

＊スープにはアサリの塩分が結構出ているため、塩は少量で大丈夫です。ラーメンを食べた時に薄いようなら、途中で少し塩を足すのもOK！

海鮮ゴロゴロ天津飯

究極の
家庭料理にする
すご技

シーフードミックスを餡《あん》のとろみでコーティング

冷凍アサリと同じで、冷凍シーフードミックスも安く、素晴らしいだしがとれる食材です。シーフードミックスをさっと煮てとった海鮮だしは、驚くほどに豊かな味！

このだしを生かしつつ、具材としても楽しめる料理はないかと考えて生まれたのが海鮮ゴロゴロ天津飯です。

シーフードミックスだしに軽く味つけをし、とろみをつけるだけで、高級中華も顔負けの極上餡に。それをとろとろの卵焼きにかけたら、そりゃあうまいですよ。

シーフードミックスは、加熱によりパサつきやすいというデメリットがあります。しかしこの料理では、餡のとろみでコーティングすることにより、パサつき感がカバーされ、とてもおいしくなります。まさに一石二鳥！

RECIPE

海鮮ゴロゴロ天津飯

＊材料の「少々」は「親指と人差し指でひとつまみ」の分量です。

RECIPE

材料

〈2人分〉

・ごはん…適量

Ⓐ〈海鮮餡〉

・シーフードミックス…200g
・おろししょうが…少々
・醤油…小さじ2
・うま味調味料…少々
・水…200cc

Ⓑ〈卵焼き〉

・卵…3〜4個
・うま味調味料…少々
・塩…少々
・片栗粉…10g
・サラダ油…大さじ1

RECIPE

作り方

1 鍋に**Ⓐ**を入れて火にかけ、沸騰させる。

2 シーフードミックスだけすくい上げ、ボウルにとっておく（だしは鍋に入れたまま）。

3 別のボウルに**Ⓑ**を入れて混ぜ合わせる。

4 直径20㎝のフッ素樹脂加工フライパンにサラダ油を中火で熱し、温まったら**3**の卵液を注ぎ入れる。卵のフチが固まってきたら、かき混ぜる。

5 上部がまだとろとろの状態で、フライパンに蓋をして火を止める。

6 **2**の鍋を再沸騰させ、水大さじ2（分量外）で溶いた片栗粉を回し入れ、混ぜてとろみをつける。

7 **6**にシーフードミックスを戻し入れ、再沸騰させる。

8 器に盛ったごはんの上に**5**の卵焼きをのせ、**7**の餡をかけたら完成。

＊シーフードミックスは加熱しすぎると、どんどん縮んでしまうので、沸騰したら引き上げてください。

＊卵は小さめのフライパンで焼くほうが厚みが出ます。技術は必要になりますが、大きめのフライパンで焼いて、中央に寄せるのもアリです。

COLUMN 1

密閉保存容器について

地味ですが、すごく大切なライフハックグッズが「密閉保存容器」です。

料理をする方なら、どのご家庭にも必ずあると思うのですが、収納や取り出しに困っていませんか？

いろいろな店で、いろいろな密閉保存容器を買った結果、収納がゴチャゴチャになり、使う時に「この容器と蓋って合ってる？」「違う？」となる経験をしたことがある人は少なくないはずです。

形はかなり似ているけど、微妙に規格が違う密閉保存容器を、同じ場所に重ねて収納しているとさらにややこしいことに……。しっかり管理されていないと、料理の効率がものすごく下がってしまいます。

この密閉保存容器のストレスがマックスに達したある日、僕はすべての密閉保存容器を処分しました。

そして、密閉保存容器に関する2つのルールを決めました。

① 密閉保存容器は5種類まで

② 必ずスタッキングできるものでそろえる

COLUMN 1

このルールを徹底するだけで、めちゃくちゃ効率的になります。

密閉保存容器の種類を減らす代わりに、その1種類の容器の数を増やすのです。

僕はこうすることで、かなりコンパクトに収納できるようになりました。

また、保存容器を選ぶ時には「蓋の耐熱温度」を必ずチェックするようにし、耐熱温度が120度以上のものを買うようにしてください。

蓋がやわらかいものは、蓋の耐熱温度が60〜80度くらいなのですが、これだと電子レンジで加熱すると溶けたり、劣化して壊れたりする恐れがあるのです。

COLUMN 1

密閉保存容器について

おすすめの密閉保存容器

僕がおすすめしたいのはこの5つ。

①**蓋をしたままレンジで使えるフードコンテナ（長方型400mL／無印良品）**
一番高頻度で使っています。3個199円という安さも魅力！

②**蓋をしたままレンジで使えるフードコンテナ（長方型850mL／無印良品）**
①と同じ理由でおすすめ。850㎖というサイズ感も絶妙で便利すぎる。

③**エブリーパック深型（No.3_1L／ダイソー）**
スクリューキャップのため、汁物の保管やレンチン温めに大活躍します。

④**エブリーパック浅型（No.3_590ml／ダイソー）**
容量の大きさも十分ながら、冷蔵庫に収まりやすい高さが便利。

⑤**エブリーパック浅型（No.1_170ml／ダイソー）**
タレや、少しだけ残った食材の保存に便利なサイズ。

①②

③④⑤

CHAPTER

3

家庭料理の常識が変わる野菜がメインの料理

野菜を買う時は八百屋に行きましょう

おいしい野菜料理を作りたい人、野菜料理の腕を上達させたい人は、スーパーで野菜を買うのではなく、八百屋に行くことを強くおすすめします。

八百屋には季節の野菜が数多く並びます。普段スーパーでしか野菜を買わない方は、八百屋の品ぞろえの豊富さに驚かれるでしょう。

僕は、暇さえあればとにかく八百屋をのぞいていて、その時に買い物をしなくても「今の時期はこんな季節野菜が出回っているのか～」と、すごく勉強になるのです。

八百屋のご主人は、野菜についての知識が豊富です。知らない野菜や、料理したことのない野菜でも、下処理の方法やおいしい食べ方などを聞くと、いろいろと教えてくれます。こうして、八百屋で「料理したことのない野菜」を買って、それを料理することを1年間も続ければ、めちゃくちゃレパートリーが増えます。

一方で、すべての八百屋さんが、前述したように、季節野菜の知識が豊富で、経験があり、なんでも教えてくれるわけではありません。なので、根気よく、いろいろな八百屋さんをめぐり、自分に合うよい八百屋さんを見つけ出してください。よい八百屋さんにたどり着けるかどうかが、料理の腕を磨くうえでとても大切なことだと、僕は思っています。

ちなみに僕は、3駅離れたあたりまでなら、余裕で買い出しに遠征《えんせい》します。具体的には、Google Mapで「八百屋」と入れて検索をし、とにかく片っ端から訪れてみました。

店頭で焼きいもを販売していたり、自家製ぬか漬けや、自家製のお惣菜などを売っていたりしたら、それはもう超最高の八百屋で間違いありません。

野菜の火入れはペクチンの硬化温度がカギ！

肉の火入れが上手にできるようになるためには、「**タンパク質の熱変性温度**」を理解することが不可欠です。

最近では、インターネットやSNSでも、たくさんの方が「肉の火入れの温度」について言及されるようになりました。「火入れ」が料理の出来不出来に影響することが、それだけ認知されているのだと思います。

一方で、野菜の火入れも、もちろん料理のおいしさに大きな影響を与えます。野菜の調理では、「**ペクチンの硬化温度**」を理解することがとても大切です。

ペクチンは食物繊維の一種で、野菜の細胞と細胞をつなぎ合わせる〝接着剤〟の役割を果たしています。

野菜を加熱した時にやわらかくなるのは、加熱によりペクチンが熱分解されることで、くっついていた細胞同士が離れればなれになるからです。

「ペクチンの硬化温度」について、野菜は「50〜80度」をゆっくり通過させると、ペクチン硬化が起こって野菜がかたくなります。そして、80度を超えて100度に近づくほど熱分解が促進されます。

つまり、**野菜の食感を残してパリッとさせたい時は、50〜80度の温度になるように加熱をするのがよく、野菜をやわらかくしたい時は、しっかり100度の高温で加熱するとよい**のです。

その違いが一番顕著に出るのが、大根の煮物です。大根を水からゆでると50〜80度をゆっくり通過するので、形を保ったままある程度かたく仕上がりますが、お湯からゆでると50〜80度を早めに通過するのでホロホロと溶ける食感に仕上がるのです。

ほうれん草のおひたし

究極の家庭料理にするすご技

ほうれん草のゆで時間は3秒しゃぶしゃぶ

ほうれん草、小松菜、水菜などの葉物野菜は、実はとても火入れが繊細です。炒め物と同じで「高温でさっと火を通す」のが鉄則。

さっとゆでた葉物野菜は、シャキシャキ感と甘さが段違いです。葉物野菜はゆですぎてしまうと、食感が損なわれてしまっておいしさが半減。

そもそも何のためにゆでるのでしょうか？　理由は「①食感をやわらかくして、食べやすくする」「②アク（主にシュウ酸）を抜いて味をよくする」の2つ。

まず、葉物野菜を箸でつかみ、沸騰したお湯にさっとくぐらせてみてください。一瞬でやわらかくなるはずです。おひたしは、ゆでた野菜を冷水にさらして熱をとり、ギュッと絞ってからだしに浸けますが、この過程でアクがしっかり抜けます。

RECIPE

ほうれん草のおひたし

RECIPE

材料

〈作りやすい分量〉

・ほうれん草……1束

・白だし……大さじ2

・水……白だしの表示どおりの希釈倍率量

RECIPE
作り方

1 ほうれん草をよく水で洗う。

2 鍋に多めの水（分量外）を入れ、火にかけて沸騰させる。

3 大きめのボウルにたっぷりの氷水を用意する。

4 ほうれん草1株を菜箸で取り、**2**の鍋の湯の中に沈めながら3秒数える。

5 引き上げてすぐに**3**の氷水に取り、急冷する。

6 残りのほうれん草も、**4**〜**5**を繰り返してゆで、急冷する。

7 ほうれん草を軽く絞り、根を切り落とし、2〜3等分に切る。

8 容器に白だしと水を入れて合わせ、ほうれん草を浸けたら完成。

＊しゃぶしゃぶをするように1株ずつ丁寧にゆでていきます。ほうれん草を一気にゆでるとお湯の温度が下がり、火の通りが甘くなるので、必ず1株ずつゆでてください。お湯の温度が下がったら再びグラグラ沸騰するまで待つ。いつでも「高温でさっとゆでる」を意識してください。

＊ほうれん草を絞るのはアクを抜くためですが、絞りすぎると野菜自体の味が抜けすぎて、食感もやわらかくなりすぎてしまいます。そのまま食べてもおいしいくらいに、軽く絞ってください。

ブロッコリーのおひたし

究極の
家庭料理にする
すご技

30秒ゆでるだけで最高のパリパリ食感に

僕が思い描く、理想のブロッコリーの食感を実現させるために、かなり研究を重ねたブロッコリーのゆで方を紹介します。このパリパリ食感こそがブロッコリーの真骨頂《しんこっちょう》。

実は、ブロッコリーは思っているよりも早く火が通ります。ゆでるのはたった30秒だけ！　後はザルに上げて放置しておき、自然に冷まします。

こうすることで、火が通りやすい蕾《つぼみ》の部分は熱が抜けて、火を通すのに時間がかかる茎の部分はじっくり余熱で火が入っていきます。余熱で火を入れたブロッコリーのパリパリ感は段違い！　まずは定番のブロッコリーマヨネーズで違いを感じてください。食感がしっかりあり、味が抜けていないので、いろいろな料理に応用が可能。今回は、一風変わった「おひたし」にして楽しんでみましょう。

RECIPE

ブロッコリーのおひたし

RECIPE

材料

〈作りやすい分量〉

・ブロッコリー……1株

・醤油…大さじ3

・めんつゆ…大さじ3

・塩…適量

・水…500cc

RECIPE

作り方

1 ブロッコリーは、ハサミで房をひとつずつ切り離す。

2 鍋に多めの水（分量外）を入れて火にかける。「ラーメンのスープ」くらいの塩味になるよう、塩を加える。

3 **2**が沸騰したら、ブロッコリーを30秒ゆでる。

4 ザルに上げ、蕾を下にして自然に冷ます（粗熱がとれるまで放置する）。

5 ボウルに醤油、めんつゆ、水を入れて混ぜる。

6 粗熱がとれたブロッコリーを**5**に浸け、上からキッチンペーパーをかぶせる。

7 冷蔵庫で5～6時間寝かせたら完成。

＊ブロッコリーの房を分けることで、ゆでムラがなくなり、均一な火入れができるようになります。

＊ブロッコリーをゆでるお湯に塩味をつけることで、ブロッコリーに下味が入り、甘味が引き出されます。

＊ブロッコリーの蕾を下にして冷ますことで、水気を完全に抜くことができます。

超シャキシャキ
もやしナムル

究極の
家庭料理にする
すご技

ゆでる前に塩を振って シャキシャキの歯ごたえに

焼肉屋で食べるもやしナムルってなんであんなにおいしいんでしょう。あのおいしさを再現しようと、かなり試行錯誤《しこうさくご》して完成した自信作のレシピをここで紹介します。

もやしナムル作りにおいて大事な要素は、「シャキシャキ感を残す」「水っぽさがない」の2つです。

普通にもやしをゆでて、塩やごま油で和《あ》えると、どんどん水が出てしまってベシャベシャになりますし、シャキシャキ感も失われてしまいます。

しかし、たったひとつの下ごしらえで、その2つを叶《かな》えることができます。その下ごしらえとは、「もやしに塩を加えて、軽く和えて10分放置する」こと。これだけで、シャキシャキ感が増し、作ってから3日経っても水が全然出ないのです。

RECIPE

超シャキシャキもやしナムル

RECIPE

材料

〈作りやすい分量〉
・もやし…1袋
・塩…小さじ1
Ⓐ〈合わせ調味料〉
・にんにく（みじん切り）…1／2片分
・白すりごま…小さじ1
・うま味調味料…5振り
・塩…少々（親指と人差し指でひとつまみ）
・ごま油…大さじ1

＊Ⓐのにんにくの量は、お好みで調整してください。おろしにんにくでもOK。やさしい味がお好きでしたらナシでも大丈夫です。

RECIPE

作り方

1 生のもやしに塩を振って軽く混ぜる（もやしが折れてしまわないように、やさしく）。

2 10分放置したら、沸騰した湯で30秒ゆでる。

3 ザルに上げて放置し、粗熱をとる。

4 ボウルにもやしを入れ、合わせたⒶで和えたら完成。

＊先に塩を振ることで、浸透圧により水分が外に押し出され、野菜の細胞同士がギュッと固まってかたくなります。一度かたくなった細胞は加熱しても壊れにくいため、かたさを保ちやすくなります。また、一度脱水された野菜は、加熱後に水分が出にくくなります。

オクラのさっぱり和え

究極の
家庭料理にする
すご技

オクラの粘りを乳化させ、おいしいソースにする魔法

ゆでたオクラはおいしいものですが、一番おいしい食べ方はどれでしょうか？　マヨネーズ、ポン酢、鰹節醤油もおいしいのですが、僕が一番おいしい食べ方だと自負するのが、この「オクラのさっぱり和え」。シンプルなので、オクラの味わいをダイレクトに楽しめます。

ポイントは、オクラが熱々のうちに酢とオイルでしっかり和えること。ゆでたてのオクラは粘りが出ますが、そこに酢とオイルを加えて和えることで、粘りが乳化しておいしいソースになるのです。

さっぱりしていながらオクラのアクを抑えて、おいしさだけが引き立つ極上ソースです。酢とオイルの加減は、レシピを目安に、お好みの分量に調整してください。

RECIPE

オクラのさっぱり和え

RECIPE

材料

〔作りやすい分量〕
・オクラ…1袋（10～12本）
・塩…湯量に対して2％
Ⓐ〔調味液〕
・にんにく（みじん切り）…1／2片分
・酢…小さじ2
・塩…少々（親指と人差し指でひとつまみ）
・オリーブオイル…小さじ2

＊酢によって味わいが変わるのもこの料理の面白さ。安定の米酢、酸味がしっかりした白ワインビネガー、さわやかな生レモン汁などが特におすすめです。

RECIPE

作り方

1 オクラのガクを切り落とし、ヘタの茎の部分をギリギリまでカットする（ただし、ゆでた際にオクラの内部にお湯が入らないように、ヘタを切り取りすぎないで）。

2 ボウルに🅐を入れて混ぜる。

3 沸騰した湯に塩を入れ、オクラを1分ゆでる。

4 ザルに上げ、オクラが熱々のうちに**2**に加える。菜箸などで調味液がとろっとするまで和えたら完成。

＊ヘタごと食べるので、ヘタの下処理は丁寧に！　オクラに穴が空いてしまうと、内部にお湯が入って水っぽくなってしまうので、慎重に処理をしてください。

＊味が濃く、食感がしっかりした野菜（オクラ、ブロッコリー、スナップエンドウなど）は、内部まで塩味が浸透しにくいため、塩を加えたお湯でゆでることで、ほんのり下味がついておいしくなります。

＊オクラは熱々のうちに味つけをするのがマストです。こうすることで、オクラの粘りに酢とオイルが乳化しておいしいソースになるのです。

ほうれん草
サラダ

究極の
家庭料理にする
すご技

水に浸けて、水気をとってしっかり冷やすのが極意

ちょっと手間はかかりますが、このほうれん草サラダは、僕が一番おいしいと思っているサラダです。

ここまで解説してきたように、野菜の加熱調理にはおいしく食べるためのコツがたくさんあります。生で野菜を食べるサラダも同様で、生でおいしく食べるためのコツがあります。

まず、「野菜を氷水に浸ける」こと。さらに、ほうれん草を生で食べるには絶対にしなければいけない処理があって、それは「アクを抜く」こと。野菜のアクは、主に水溶性なので、水に浸けてアクを抜いてあげるのです。この時に氷水に浸けることで、パリッとして歯ごたえもよくなります。その後、水気をしっかり切って、冷蔵庫でしっかり冷やすことで、驚くほどおいしくなります。

RECIPE

ほうれん草サラダ

RECIPE

材料

〔3～4人分〕

・ベーコン…2枚
・ほうれん草…1束
・白炒りごま…適量
・アーモンド…5～6粒
・生レモン汁…小さじ1
・うま味調味料…ひとつまみ
・塩…少々（親指と人差し指でひとつまみ）
・オリーブオイル…大さじ2

RECIPE

作り方

1 ほうれん草は根を切り落とし、水でよく洗う。人差し指程度の長さにカットし、氷水に15分浸ける。

2 ザルに上げ、サラダスピナーでしっかり水気を切る。

3 ザルをかましたボウルに入れ、冷蔵庫で2〜3時間冷やす。

4 ベーコンを1㎝幅の短冊切りにする。

5 フライパンにオリーブオイルとベーコンを入れて弱火にかけ、カリカリになるまで炒めたら、ベーコンを取り出し、オリーブオイルも容器に取る。

6 **3**のほうれん草に冷めた**5**のオリーブオイルをかけてやさしく和え、塩、うま味調味料、生レモン汁の順に加えて和える。

7 器に**6**を盛り、ベーコン、白ごま、砕いたアーモンドを散らしたら完成。

＊とにかく水気をしっかり切るのが超大事。サラダスピナーがなければ、ザルでしっかり水気を切った後、クッキングペーパーなどで拭いてください。

＊必ず、オイル→塩とうま味調味料→生レモン汁、の順番で。最初にほうれん草にオイルをまとわせることで、塩がほうれん草に直接当たることを防いでくれます。ほうれん草に塩が直接当たると、浸透圧による脱水作用で水っぽくなってしまいます。

白菜とグレープフルーツのサラダ

究極の
家庭料理にする
すご技

オイルをまぶしてから塩を振る、これがサラダの鉄則

僕の会員制レストランでも定番であり、大好きなサラダ。ドレッシングを使わないのですが、グレープフルーツの甘味、酸味、水分が極上のドレッシングの役割を果たします。

サラダ全般に言えることなのですが、「塩が野菜に直接当たらないようにする」、これがサラダを作る際の鉄則です。そのために必ず、先に野菜にオイルをまぶしてから塩を振るようにしてください。そうすることで、オイルの膜が、塩からガードしてくれて野菜に塩が直接触れなくなります。野菜に塩が触れると、強力な脱水作用によってベシャベシャになってしまい、サラダのおいしさが半減してしまいます。

このレシピを応用して、セロリとオレンジで作ってもおいしいです。その場合、生レモン汁を足し、酸味を補ってあげるとさらにグレードアップ！

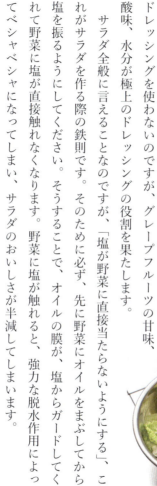

RECIPE

白菜とグレープフルーツのサラダ

RECIPE

材料

〔4〜5人分〕

・白菜…1／4個
・グレープフルーツ…1個
・塩（ゲランドの塩、ろく助など／52ページ参照）…適量
・オリーブオイル…大さじ1

＊グレープフルーツがなければ、旬のお好みの柑橘類を使ってもおいしいです。

RECIPE

作り方

1 白菜とグレープフルーツは冷蔵庫でしっかり冷やしておく。

2 白菜の白い部分は3㎝幅のそぎ切りにする。葉の部分は3㎝幅のざく切りにする。

3 グレープフルーツは皮をむき、1房ずつ薄皮もむき、実を半分に切る。

4 ボウルに白菜を入れ、オリーブオイルを加えて手で和える。

5 塩をひとつまみずつ振り、軽く和えて味見をする。

6 ちょうどいい塩味になったら、グレープフルーツを加えてさっくり和える。

＊野菜は冷やせば冷やすほどしゃっきりに、果物は冷やせば冷やすほど甘味を感じやすくなります。できれば冷蔵庫の野菜室ではなく、メインの庫内に数時間入れてしっかり冷やしてください。

＊味つけの順番が大切です。絶対に、先にオリーブオイルを野菜にまとわせ、その後に塩。野菜がオイルでコーティングされることで、野菜に塩が直接当たらず、脱水しにくくなります。

＊和える際は、白菜やグレープフルーツをつぶさないように、極めてやさしく手で和えてください。繊維が壊れると脱水して、水っぽくなってしまいます。

究極の肉野菜炒め

究極の
家庭料理にする
すご技

食材を個別に炒めて最後に合わせるのがコツ

肉野菜炒めを愛してやまない僕が20年以上研究してたどり着いた、家で作る肉野菜炒めの最高峰。肉野菜炒めは簡単な料理の代名詞のように語られますが、実は難易度激高です。

よくある失敗の肉野菜炒めが、肉がギュッと固まったまま火が入っていて、野菜は火が通りすぎてクタクタ、水でベシャベシャで味も薄い……。これらの失敗要因をすべて解決したのがこのレシピ。

超大事なのは2つ。ひとつは、「ほとんどの食材を個別で炒めて、最後に合わせる」。もうひとつは、「肉を丁寧に1枚1枚広げて冷たいフライパンに貼りつけ、それから加熱する」。こうすることで、野菜はシャキシャキ、肉もしっとりジューシーに。手間はかかりますが、町中華で出てくるような肉野菜炒めが作れます！

RECIPE

究極の肉野菜炒め

RECIPE

材料

〔3〜4人分〕
・豚バラ薄切り肉…200g
・玉ねぎ…1/2個
・キャベツ…1/4個
・ニラ…1束
・ラード…大さじ1
・ごま油…大さじ2

A
〔豚肉の下味〕
・片栗粉…大さじ3
・醤油…大さじ1
・みりん…大さじ1
・酒…大さじ1
・ごま油…小さじ2

B
〔合わせ調味料〕
・にんにく（みじん切り）…1片分
・醤油…大さじ1
・みりん…大さじ1
・うま味調味料…小さじ1/4

RECIPE

作り方

1 豚肉を人差し指程度の長さに切る。

2 ボウルに豚肉とⒶを入れ、よくもみ込んだら15分以上置く。

3 耐熱容器にⒷを入れて混ぜ合わせ、500Wの電子レンジで30秒加熱する。

4 玉ねぎはくし形切りにする。キャベツはひと口大に、ニラは人差し指程度の長さに切る。

5 鉄フライパンを強火で熱し、ごま油大さじ1を入れる。玉ねぎを炒め、7割ほど火が通ったら皿にとる。同じフライパンにごま油大さじ1を熱し、キャベツも同様に炒める。

6 フッ素樹脂加工フライパンにラードを塗り、豚肉を1枚1枚広げ、まんべんなく貼りつける。

7 強火にかけて豚肉に9割ほど火が通ったら、**5**の野菜とニラを加える。鍋をあおり、混ぜ合わせたⒷを加えて炒め、全体に9割ほど火が通ったら完成。

＊火が通るのに時間がかかる野菜は、必ず別々に炒めてください。皿に上げてから余熱で火が通るので7割程度の火入れで大丈夫です。

＊皿に盛ってから余熱で火が通るので「まだ早いかな？」という段階で引き上げると、ちょうどいい仕上がりになります。

マッシュルームのオムレツ

究極の家庭料理にするすご技

「さけるチーズ」を使って本場のオムレツを再現

僕の人生最高の贅沢《ぜいたく》経験で、メキシコで1泊10万円もするリゾートホテルに泊まった時のこと。そのホテル内で一番おいしかったレストランの朝食で、このマッシュルーム入りのオムレツが出てきて、ひと口食べた瞬間、猛烈《もうれつ》に感動しました。

とにかくシンプルなのに、マッシュルームのよさも、オムレツのよさも全部が完璧に生きている。オムレツにナイフを入れた瞬間、マッシュルームの香りがブワーッと吹き出す。口の中で混ざり合う、卵のとろとろと、マッシュルームのコリコリ。そして、旨味と塩気のバランスの妙！　シンプルながら、これぞ最高のマッシュルーム料理！

メキシコでは「オアハカチーズ」という独自のチーズを使っているようですが、これ、日本で販売されている「さけるチーズ」の原型となったチーズなのです。

RECIPE

マッシュルームのオムレツ

RECIPE

材料

〔1～2人分〕

・卵…2個
・マッシュルーム…100g（7～8個）
・にんにく…1／2片
・さけるチーズ…1本
・バター（有塩）…3cm角（15～20g）
・塩…少々（親指と人差し指でひとつまみ）
・オリーブオイル…小さじ2

RECIPE

作り方

1 ボウルに卵を割り入れ、溶きほぐす（できればザルで濾す）。

2 マッシュルームは薄切りにし、にんにくはできるだけ細かくみじん切りにする。さけるチーズは細くさく。

3 フッ素樹脂加工フライパンにオリーブオイルを入れて中火にかけ、にんにくを炒める。

4 すぐにマッシュルームを加えて炒め、塩を振って味を調えたら、皿にとる。

5 フライパンを洗い、バターを入れて中火にかける。バターが溶けたら溶いた卵を入れ、すぐにさけるチーズと**4**のマッシュルームを中央にのせる。

6 卵が固まったら、マッシュルームを卵で巻いて完成。

＊フライパンはフッ素樹脂加工の直径26cmが理想です。卵料理なので、フッ素樹脂加工がマストです。

＊マッシュルームにつける塩と、チーズの塩気のみで料理の味を決めます。マッシュルームをそのまま食べておいしい程度に味つけをしてください。

＊マッシュルームは熱々がおいしいので、できればフライパンを2つ用意し、マッシュルームを炒めながら、オムレツも並行して準備するのが理想です。

香味野菜のチョップドスープ

刻んでスープにする、余った薬味たちの最強活用法

大葉が1枚だけ、どんぐりサイズのしょうが、長ねぎの青い部分だけ、セロリの葉っぱがちょっとだけ……と、冷蔵庫に少しだけ残った薬味って結構あるんですよね。それらを余すことなく活用できないかなぁ……と思って考案したレシピです。

もともとは余りものの処分のために作っていたスープですが、おいしすぎて、今ではこのスープのために香味野菜を買ってしまいます。

香味野菜は、みじん切りにすることで細胞がつぶれ、香りが強く出るようになります。その点からも、かなり理《り》に適《かな》っているスープ。薬味は長持ちするものが多いので、ちょっとだけ残ってしまった薬味を密閉保存容器に入れて冷蔵保存しておき、ある程度たまったらチョップドスープにするのがおすすめです。

RECIPE

香味野菜のチョップドスープ

RECIPE

材料

〈1人分〉

・お好みの香味野菜…適量
・白だし…適量
・水…200cc

＊香味野菜はなんでもいいのですが、しょうが、セロリの葉、ねぎなどを入れると一層おいしくなります。後は、みょうが、大葉、にんにく、ニラなどもおすすめ。たくさんの種類を入れるほうが、味が複雑になってよりおいしくなります。香味野菜の分量は、汁の半分くらいを目安に。

RECIPE

作り方

1 香味野菜をみじん切りにする。

2 鍋に水と白だしを入れ、そのままでおいしいと感じる味に調整する（白だし：水＝1：7の割合が一般的ですが、白だしのパッケージにある「お吸い物」の希釈倍率を参考に）。

3 鍋を火にかけ、ひと煮立ちさせたら**1**の香味野菜を加える。再沸騰させたら完成（耐熱容器に入れ、600Wの電子レンジで40秒加熱でも可）。

＊香味野菜を加えてからは絶対に煮すぎないでください。煮すぎると、香りが飛んでしまいます。軽く沸騰したらすぐに火を止めてください。

りんごとしょうがのサラダ

究極の家庭料理にするすご技

りんごは切ってすぐレモン汁をかけると変色しない

ドレッシングはおろか、オイルも、塩さえも使わないシンプルを極めたサラダ。僕が主宰する会員制レストランで、揚げ物や肉料理の後の口直しとして出しています。脂っこさを一瞬でリセットする魔法のような料理で、大好評のこの逸品。実はこの料理の構成要素は、りんご、しょうが、レモン汁のみです。とてもシンプル。

なぜこれが料理として成立するのか？　それは、りんごが単体で食べてもおいしい果物だからです。ただりんごを切って出しても料理にはなりませんが、レモン汁をかけて「酸による変色を防ぐ」「レモン汁で酸味を補う」という〝理〟を与えてあげ、さらに「しょうがを合わせる」という〝素材の組み合わせによる工夫〟をプラスすると、それは立派な料理に〝成る〟のです。

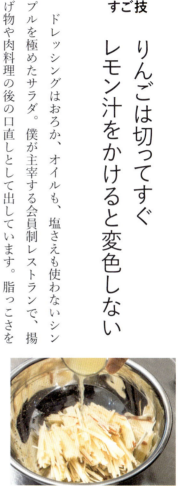

RECIPE
りんごとしょうがのサラダ

RECIPE
材料

〈作りやすい分量〉
・りんご…1個
・レモン…1個
・しょうが…1片

＊シンプルな料理なので、生レモンを使用してください。生レモンのやさしい酸味、ほのかな甘味、鮮烈な香り、そのどれもが重要な要素です。
＊塩を入れないことも大事です。塩を入れると、浸透圧による脱水作用によって水っぽくなってしまいます。どうしても塩気が欲しい場合は、食べる直前に塩を振ってみてください。

RECIPE

作り方

1 レモンは搾り、レモン汁に種があれば取り除く。

2 りんごは均等な厚さの薄切りにし、種を取り除いて千切りにする。

3 しょうがは皮をむき、スライスしてから千切りにし、ボウルに入れる。

4 **3**にりんごを加えたら、りんごの変色を防ぐためにすぐレモン汁をかける。

5 りんごが折れないように、やさしく手で和えたら完成。

＊作ってから密閉保存容器に入れ、冷蔵庫で保存しておけば2〜3日経っても変色しません。数日経ったものは味がなじみ、また別のおいしさが生まれます。

COLUMN 2

世界一簡単な自家製本格ラー油

唐辛子をさまざまに使いこなす四川料理では、唐辛子を「辛さ」目当てではなく、「香り」目当てで使うことが多いのです。唐辛子を、焦がす直前まで油で加熱した時に出る独特の甘い芳香。これこそが四川料理で大事にされている唐辛子の風味。

この風味は失われやすいため、市販のラー油だと長い流通の過程でどうしても薄くなってしまいます。しかし、できたてのラー油は、部屋中がこの甘い香りに包まれるくらいに強烈な風味です。ぜひこのできたての風味を味わってほしいのです。

自家製ラー油作りは、時間もかかりますし、油の温度管理も難しいのですが、今回は電子レンジだけで、誰でも失敗なく作れる方法を編み出しました。

多分、世界初のラー油レシピなんじゃないかなと思っています。

COLUMN 2

材料

（作りやすい分量）

・一味唐辛子…大さじ1

・サラダ油…大さじ5

＊より辛いのがお好きな方は、唐辛子の比率を増やしてください。

作り方

1 耐熱容器に材料をすべて入れる。

2 600Wの電子レンジでラップをかけずに2分加熱する。

3 かなり熱いのでミトンなどを使って取り出す。

4 冷めたらラップをかける（もしくは、蓋付きの瓶などに移して保存）。

＊常温保存で1カ月以内に使い切るようにしてください。時間が経っても腐敗はしづらいのですが、酸化するためおいしくなくなります。

CHAPTER 4

食材のおいしさが生きるシンプルな家庭料理

最高のふっくら白ごはん

究極の家庭料理にするすご技

「赤子泣いても蓋取るな」は迷信！沸騰したら蓋を取って確認

炊飯器ではなく、鍋で、絶対にミスなくごはんがおいしく炊けるようになると、すごく強い武器になります。ごはんを炊くコツは４つ。「①生米の浸水をしっかりする」「②水加減をしっかり守る」「③最初にしっかり沸騰させる」「④沸騰させたら焦げないように一番弱い火加減にする」。

米のデンプンを、人間が消化できるようにするには98度以上の温度が必要です。そのために、炊飯中に絶対に沸騰させる必要があるのです。

沸騰しているかどうかを確認するためには、蓋を開けて確認するのがもっとも合理的。「蒸気が逃げちゃう」と思われるかもしれませんが、大丈夫！　鍋内に留《とど》まれる蒸気量には限界があるため、また蓋をして加熱すればすぐに蒸気が充満します。

RECIPE

最高のふっくら白ごはん

RECIPE

材料

〔3合分〕

・米…3合（450g）

・水…600ccが目安（3合分）

RECIPE

作り方

1 白米を軽く研ぎ、ザルに上げる。ザルのまま、水適量（分量外）を張ったボウルに沈め、30〜60分浸ける（夏場は30分、冬場は60分。それ以上浸ける場合は冷蔵庫に入れる）。

2 米が入ったザルを上げ、なるべく水気を切るために2〜3分放置する。

3 鍋に米を入れ、水を注ぎ入れ、蓋をしてマックスの強火で6分加熱する。

4 蓋を開け、沸騰しているか確認する。沸騰していなければそのまま加熱し続ける。完全に沸騰して泡がたっぷり出ていたら蓋をし、極弱火で10分炊く。

5 火を止めて10分蒸らす。さっくりかき混ぜ、余分な蒸気を逃がしたら完成。

＊最近は精米技術が進んでいるので、お米はそんなに研ぐ必要はありません。お米を水に浸し、人差し指〜小指の4本で3周ほどグルッとかき混ぜます。それを2〜3回繰り返せば十分。水を吸ったお米はとても割れやすいため、絶対に力をかけないように。

＊炊飯初期の、強火で加熱させる場面では、ちゃんと蓋を取って、沸騰の状態を確認しましょう。たとえば、室温が低い場合や、水温が低い場合は、強火加熱6分でも沸騰しないことがあります。

＊沸騰後の「極弱火」の火加減コントロールはガスでは難しいので、ＩＨコンロがおすすめです。最弱火力にしておけば、間違いありません。

煮干しだしの味噌汁

究極の家庭料理にする
すご技

煮干しだしが家庭の味噌汁の最適解《さいてきかい》

煮干しは偉大な食材です。なぜなら、煮干しだけでだしとしての旨味が完結するからです。和風だしといえば、鰹節と昆布が一般的です。これは鰹のイノシン酸の旨味に、昆布のグルタミン酸の旨味をかけ合わせるという「だしの王道パターン」です。というのも、旨味成分はイノシン酸、もしくはグルタミン酸をそれぞれ単独で味わうよりも、組み合わさった時に4~7倍強く感じる、といわれているからです。

煮干しが最強なのは、イノシン酸主体ではありますが、グルタミン酸も含まれているからです。だから、煮干しだけで旨味が完結するのです。味噌汁を作るたびに、毎回鰹節と昆布でだしをとるのは大変ですが、煮干しは水に放り込んで放置するだけなのでとても簡単です。

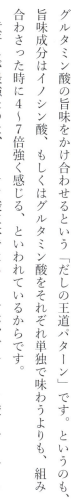

RECIPE

煮干しだしの味噌汁

RECIPE

材料

〔2~3人分〕

・お好みの具材…適量
・煮干し…10本
・味噌…適量
・水…500cc

＊具材は、今回はトマトと長ねぎで作ってみました。和風だしの風味とトマトはとてもよく合います。いろいろな食材とのマッチングを楽しんでみてください。
＊水筒などに水と煮干しを入れ、冷蔵庫で保管しておくと便利です。この「水出し煮干しだし」は、冷蔵庫で4~5日保存可能。

RECIPE

作り方

1 鍋に水と煮干しを入れ、30分以上放置する（「水出し煮干しだし」があれば、鍋にだしを注ぐだけでOK）。

2 鍋を火にかけ、沸騰させる（煮干しを具材として食べない場合は、煮干しを取り除く）。

3 食べやすい大きさに切った具材を加えて加熱し、火が通ったら火を止め、味噌を溶き入れて完成。

＊煮干しは最低でも30分くらい水に浸けたほうがよくだしが出ます。料理の作りはじめに煮干しを水に浸けておくのが一番効率的！

＊味噌の量は、味を見ながらお好みで調整してください。

極上の目玉焼き丼

究極の家庭料理にする
すご技

蒸し焼きにすることで、和風だしの素がソース状に

お金がとことんない時も、料理を作る元気がない時も、いつでも僕を助けてくれた大好きな料理。

「目玉焼き」は、簡単な料理の代表格として引き合いに出されることもありますが、実は、上手に作るのは難しいし、奥が深い料理でもあります。

片面だけ焼く「サニーサイドアップ」、ひっくり返して両面焼く「ターンオーバー」などいろいろな焼き方がありますが、僕のベストは「蒸し焼き」。

卵に顆粒和風だしの素をのせ、少し水を差して、それから蓋をする。そうすると、和風だしの素が水蒸気を吸い、とろっと溶けてソース状になる。この目玉焼きをごはんにのせて食べたらたまらないおいしさなんです。

生涯を添い遂げられるレシピになること間違いなしです！

RECIPE

極上の目玉焼き丼

RECIPE

材料

〈1人分〉

・ごはん…茶碗1杯分
・卵…1～2個
・醤油…適量
・顆粒和風だしの素…小さじ1／2
・粗びきブラックペッパー…適量
・サラダ油（オリーブオイルでも可）…大さじ1

RECIPE

作り方

1 ボウルに卵を割り入れる。

2 フッ素樹脂加工フライパンにサラダ油を入れ、中火にかける。

3 温まったら卵を入れ、すぐに卵の上に和風だしの素をのせ、さらに水大さじ1（分量外）を加えて蓋をする。

4 30秒ほど経ったら火を止める。卵の黄身がお好みのかたさになるまで余熱で火を入れる。

5 茶碗にごはんを盛り、その上に**4**をのせ、醤油とブラックペッパーをかけたら完成。

＊卵の殻が混入しても除去しやすいため、卵はあらかじめボウルに割り入れましょう。

＊必ず、フッ素樹脂加工がしっかり生きているフライパンを使うこと。卵投入時の適切な火加減は、ジュワーッとなるくらい。その時にできる焼き目の香ばしさがよいフレーバーになるからです。

＊蓋はガラス蓋を使ったほうが、卵の黄身の火の入り具合を確認しやすいです。

高級ホテル朝食のスクランブルエッグ

究極の
家庭料理にする
すご技

生クリームを入れることでとろとろの神食感に

スクランブルエッグこそ、自炊をしている人であるならば、誰もが作ったことがあるような親しみ深い料理です。とはいえ、卵料理は奥が深く、世界中のいろいろな料理の中でも、特に食材の科学的特性の理解を深く求められる料理なのです。

卵は、加熱により凝固する性質がありますが、その凝固作用をあえて阻害《そがい》することで、未知のとろとろ食感が生まれます。

では、どうやって阻害するのか？　生クリームを加えるのです。卵の凝固する成分というのはタンパク質ですが、生クリームの脂肪分がタンパク質の凝固を阻害してくれるため、加熱してもかたくならず、フワフワでとろとろの食感になるのです。

高級ホテルで出てくるようなおいしいスクランブルエッグを、ぜひご家庭で。

RECIPE

高級ホテル朝食のスクランブルエッグ

RECIPE

材料

〔1人分〕

・卵…2個
・動物性生クリーム（乳脂肪分38％）…50g
・バター…2cm角（10g）
・塩（ろく助／52ページ参照）…少々
（親指と人差し指でひとつまみ）

＊シンプルな料理こそ素材の差が出ます。生クリームは乳脂肪分47％のものでも構いませんが、仕上がりはかなり濃厚になります。動物性を使うのはマストで。

＊バターは無塩でも有塩でも構いませんが、個人的には有塩のほうが好きです。

RECIPE

作り方

1 ボウルに卵を割り入れ、溶きほぐしてザルで濾す。

2 生クリームと塩を加えて混ぜる。

3 フッ素樹脂加工フライパンにバターを入れて弱火にかけ、1／4ほど溶け残っている状態で**2**の卵液を入れる。

4 かき混ぜずにじっと待ち、卵のフチが白く固まってきたら、シリコンベラでゆっくり中央に寄せる。

5 **4**を繰り返し、全体が半熟になるように仕上がったら完成。

＊必ず「フッ素樹脂加工がしっかり生きているフライパン」を使ってください。

＊焼き色がつくと「不要な香ばしさ」がついてしまうので、焼き色がつかないような火加減を心がけて仕上げてください。

京都の料理人直伝
湯豆腐

究極の家庭料理にするすご技

シンプルだからこそ白だしの旨味が欠かせない

「何も足せない、何も引けない」という究極にシンプルな料理が「湯豆腐」。僕が京都で仲良くなった料理人の方に教えてもらった湯豆腐のレシピをご紹介しようと思います。僕は、実は湯豆腐が少し苦手だったのですが、このレシピを知ってから、どハマりしました。豆腐をゆでる「だし」ごと飲んで楽しめるので、満足度がすごく高い！ 使う食材は豆腐、白だし、しょうが、九条ねぎ、刻み海苔だけなのですが、この食材ひとつひとつが完璧な仕事をやりきっていて、どれも引けないし、何も足せない、という完成度の高さ。レシピというのはあくまで指標であり、ご自身の好みに応じてアレンジをして楽しむものだと思っていますが、一度はこの完璧な組み合わせを味わっていただきたいです。ダイエット中の方でも満足度の高い逸品です。

RECIPE

京都の料理人直伝湯豆腐

RECIPE

材料

〔4人分〕

・絹ごし豆腐…1丁
・九条ねぎ（斜め薄切り）…ひとつかみ
・しょうが（薄切り）…2枚
・刻み海苔…適量
・白だし…適量

＊ねぎは長ねぎでもいいのですが、できれば九条ねぎを使ってみてください。九条ねぎの控えめな辛さが、豆腐にとてもよく合います。ねぎが辛いと感じたら、少しだしに浸してしんなりさせてから食べると、辛味が穏やかになり食べやすくなります。

RECIPE

作り方

1 鍋に4等分に切った豆腐を入れ、豆腐が完全に浸かる程度の水（分量外）を入れる。

2 そのまま飲んでもおいしい濃さまで白だしを加える。さらにしょうがを加え、中火にかける。

3 ひと煮立ちさせたら弱火にし、コトコト10分煮る。

4 火を止めてから九条ねぎをどっさり加える。

5 器に盛り、刻み海苔をたっぷりのせたら完成。

＊海苔は必ず、豆腐を器によそってから、できるだけ食べる直前にかけるようにしてください。最初にブワッとかけて海苔がだしに溶けてしまうと、味わいが濁ってしまうからです。

ラー油ニラつけそば

究極の
家庭料理にする
すご技

めんつゆ：醤油＝1：1がベスト、キレのあるバランスのよいつけダレに

1年前に、セブンイレブンの乾麺そばのおいしさにハマってから、かなりの数のアレンジレシピを作りました。その中でも一番のお気に入りがこのレシピ。

まず、「冷たいそばを温かいつゆにつけて食べる」というのが最高なのですが、ここにニラが入るとすさまじくおいしくなる。ねぎとにんにくのよいところ取りで、一気に食べごたえが増すのです。そこにラー油のオイルによるコクと、ピリッとした辛味が加わると最強です。めんつゆだけだと甘すぎるので、醤油と1：1でブレンドすることでキレを出し、ビシッとした塩分と旨味を感じるバランスに調整。

しかも、セブンイレブンの乾麺そばは食感がしっかりしていてコシがあり、風味も強いので、癖が強いそばつゆとばっちり合うんです。超自信作！

RECIPE

ラー油ニラつけそば

RECIPE

材料

〔1人分〕

・そば（乾麺）…2束
・ニラ…1／2束
・醤油…大さじ1
・めんつゆ…大さじ1
・うま味調味料…少々（親指と人差し指でひとつまみ）
・ラー油（168ページの「自家製本格ラー油」参照）…大さじ1～2
・湯…90cc

＊セブンイレブンの乾麺そばがベスト。
＊めんつゆは「つゆの素ゴールド（にんべん）」がおすすめ。

RECIPE

作り方

1 そばを冷やすための氷水を用意しておく。

2 沸騰したたっぷりの湯（分量外）でそばを3分30秒ゆでる。

3 鍋に醤油、めんつゆ、うま味調味料、湯を入れて火にかけ、ひと煮立ちさせる。

4 ニラを小指くらいの長さに切る。

5 そばをザルに上げ、流水で洗ってぬめりをとる。氷水に入れ、しっかり締めて皿に盛る。

6 **3**にニラを加えてひと煮立ちさせたら、器に注ぐ。ラー油を加え、**5**に添えたら完成。

＊セブンイレブンの乾麺以外のそばを使う時には、表示時間より30秒を目安に短くゆでて、かために仕上げるのがおすすめです。

＊ニラを加えたら煮すぎないように。そばつゆを温めるためだけなので、一瞬沸騰させればＯＫ！　ラー油の量はお好みで。どうしても辛いのが苦手な方は、ごま油に置き換えるのもアリ。

究極のそうめん

究極の
家庭料理にする
すご技

そうめんをゆでるコツは、45秒ゆでて、1分氷水に浸ける

僕は、博多豚骨ラーメンのバリカタにゆでられた極細麺が大好き。そうめんも同じく極細麺なので、「バリカタにゆでられているけど、生煮えじゃない」という限界値を、試行錯誤の末見つけました。

45秒というのは、そうめんの中心がちょうどアルデンテに仕上がる時間。それだけだとちょっとボソボソするのですが、1分間氷水に浸けることにより、そうめん自体が水を吸って、なめらかな食感へと変貌《へんぼう》を遂げます。

この「1分氷水に浸ける」という工程は、今まで存在したそうめんのレシピ史上、初めての手法だと自負しております。ザクザクした食感がとにかく気持ちよいうえ、時間が経っても麺同士がくっつきにくく、いつまで経ってもすすりやすいのです。

RECIPE

究極のそうめん

RECIPE

材料

〈1人分〉

・そうめん……2束
・しょうが……適量
・白だし……大さじ1
・水……白だしを少ししょっぱめに希釈できる量

＊手に入りやすい白だしを記載しましたが、白だしを銀座三河屋の「煎酒《いりざけ》」という調味料に代え、水で3〜4倍に希釈したつゆで食べるとすごくうまいです！

RECIPE
作り方

1 そうめんを冷やすための氷水を用意しておく。

2 沸騰したたっぷりの湯（分量外）でそうめんを45秒ゆでる。ゆでている間、菜箸でよくほぐす。

3 そうめんをザルに上げ、流水で洗ってぬめりをとる。

4 氷水にそうめんを入れ、1分浸す。

5 器に白だしと水を入れ、千切りにしたしょうがを加える。

6 そうめんをザルに上げて水気を切ったら、皿に盛る。器に**5**のつゆを注いで添えたら完成。

＊麺類はデンプンの性質上、冷やす時はかなりしっかり冷やしたほうがおいしいです。氷をケチらずにキンキンの氷水で締めれば、食感が段違いによくなります。

＊つゆはお好みに応じていろいろとアレンジしてみてください。もう少しだしを薄めにして、キンキンに冷やしたつゆをたっぷりかけた「冷やしかけそうめん」もおすすめです。

武蔵野風
肉汁つけうどん

究極の
家庭料理にする
すご技

たっぷりの豚肉がよいだしになる

「武蔵野うどん」というどんを知っていますか？　埼玉で食べられるご当地うどんなのですが、埼玉県出身の僕としてはとてもなじみ深いうどんなのです。

超極太でかたいうどんを冷たく締めて、肉たっぷりの温かいつゆにつけて食べる。これが実にうまい！　うどんは小麦の味わいが強い麺なので、肉が入った力強いつゆにすごくよく合います。

武蔵野うどんを再現するのは難しいのですが、このよさを抽出した家庭用レシピを考案しました。だしはとらなくてOK。そのぶん、豚肉をたっぷり入れることで、豚肉が素晴らしいだしの役割を果たしてくれます。もちろん具材としても最高。豚肉と麺をワシワシ食べる快感の虜《とりこ》になってください！

RECIPE

武蔵野風肉汁つけうどん

RECIPE

材料

〈1〜2人分〉

・うどん…1〜2玉
・豚バラ薄切り肉…100〜200g
・長ねぎ…適量
・醤油…大さじ2
・めんつゆ…大さじ2
・うま味調味料…小さじ1/2
・湯…180cc

＊うどんは生麺がベストですが、ゆで麺でもOK。なるべく太いほうがおいしく作れます。

RECIPE

作り方

1 沸騰したたっぷりの湯（分量外）でうどんを表示どおりにゆでる。

2 鍋に醤油、めんつゆ、うま味調味料、湯を入れて火にかけ、ひと煮立ちさせる。

3 豚肉を人差し指くらいの長さに切る。長ねぎは斜め薄切りにする。

4 うどんをザルに上げ、流水で洗ってぬめりをとる。水にとって冷まし、皿に盛る。

5 **2**のつゆを再沸騰させてから豚肉を加え、火を通す。豚肉にほどよく火が通ったら、皿にとる。

6 つゆをひと煮立ちさせ、**5**の豚肉と長ねぎを入れてさっと火を通したら、器に盛って**4**に添える。

＊豚肉は決して煮すぎないでください。さっと火を通してプリプリの状態で取り出しましょう。豚肉の火が通る時の温度はだいたい70～80度。１００度まで温度が上がるとパサパサになります。それでもつゆは熱々で沸騰させたいので、一度豚肉を取り出して、火が入りすぎないようにしましょう。

アルティメット トマトソースパスタ

究極の家庭料理にする
すご技

175度で加熱し、クエン酸を分解させて旨味アップ！

7年前にブログで紹介してから、未だにコメントをいただくほど大好評のレシピ。「トマトソース特有の酸味が苦手」というコメントをよく目にしますが、僕もそのひとりです。

日本で販売されているトマト水煮缶のほとんどは、実は保存性を高めるためにクエン酸が添加されているのですが、それが酸味の正体。クエン酸は加熱によって分解されるのですが、その分解温度は175度。水の沸点は100度ですから、175度に到達させるためには3つのコツが必要です。「①強火で調理する」「②水分をしっかり飛ばす」「③油をたっぷり使用する」。油は温度が100度以上になる性質があるので、「トマトソースを油で揚げ焼きにする」ようなイメージでクエン酸をしっかり飛ばします。酸味がしっかり飛んだトマトソースはまさに旨味の塊！

RECIPE

アルティメットトマトソースパスタ

RECIPE

材料

〈作りやすい分量〉

A〈アルティメットトマトソース〉

・ホールトマト缶…1缶
・にんにく（みじん切り）…2片分
・塩…小さじ1
・オリーブオイル…60g

〈1人分〉

B〈トマトソースパスタ〉

・パスタ…100g
・にんにく（みじん切り）…1片分
・アルティメットトマトソース…大さじ4
・赤唐辛子（ホール）…1本
・オリーブオイル…大さじ1

RECIPE
作り方

1
Ⓐでトマトソースを作る。ボウルにホールトマトを入れ、手でつぶす。

2
フライパンにオリーブオイルとにんにくを入れて弱火にかけ、にんにくがきつね色になったらホールトマトと塩を加える。

3
フライパンに蓋をし、強火に5分かける（時々フライパンをゆすりながら、焦がさないように）。

4
火力を弱め、好みの濃度になるまでかき混ぜながら煮詰めたらトマトソースの完成。

5
Ⓑでトマトソースパスタを作る。1％の塩分濃度の湯（分量外）でパスタを表示どおりにゆでる。

6
フライパンにオリーブオイル、種を取った赤唐辛子を入れて弱火にかけ、赤唐辛子が色づいたら、にんにくを加える。

7
シュワシュワ泡が出たら、トマトソースを加える。少し油になじませたら、パスタのゆで汁大さじ4（分量外）を加えて伸ばす。

8
ゆで上がったパスタを**7**に加え、ソースと絡めたら完成。水分が足りなかったらパスタのゆで汁を、塩気が足りなかったら味を見ながら塩を足す。

東山広樹（ひがしやま・ひろき）

超料理マニアな料理人
(株) マジでうまい代表取締役
汁なし担々麺専門店『タンタンタイガー』の創業者。現在は、会員制レストランを主宰、飲食業のレシピ開発などを行っている。年間400軒超の飲食店を食べ歩きし、料理のおいしさについてとことん追求。日本一マニアックな料理ブログ『Cooking Maniac』も運営している。
X (@h_gashiyama) のフォロワー数は5.5万人超 (2024年7月現在)。

スーパーの食材《しょくざい》で究極《きゅうきょく》の家《か》庭《てい》料《りょう》理《り》

2024年9月1日　第1刷発行
2024年9月20日　第2刷発行

著　者　東山《ひがしやま》広《ひろ》樹《き》

発行者　佐藤靖

発行所　大和《だいわ》書房
東京都文京区関口1-33-4
電話 03(3203)4511

装　丁　ヤマシタツトム
撮　影　片桐圭（Lingua franca）
校　正　藁谷理恵子（メイ）
編　集　滝澤和恵（大和書房）

印　刷　歩プロセス
製　本　ナショナル製本

ISBN978-4-479-92173-8

https://www.daiwashobo.co.jp